大人の「自信スイッチ」

わたしを救う43の習慣

中島 輝

大人だって、泣きたいときがある。
いい人でいられないときがある。

自分を慈しむための
切り替えスイッチ
たくさん持っておこう。

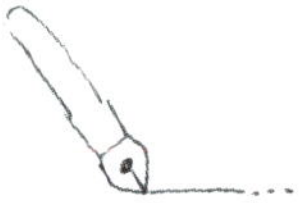

はじめに

どんな時代でも通用する「心の軸」を手に入れよう

「ちょっとしたことで落ち込みやすい」「なんだか元気が出ない」「自分のことがあまり好きじゃないかも」「他人と比較して、自信をなくすことが結構ある」「心が折れるような出来事が過去にあって、根本的に立ち直れていない気がする」……。

そんな方に役立つ、とっておきの習慣をまとめたのが本書です。

こんにちは、中島輝と申します。心理学や脳科学などの手法を用いて、多くの人の自己肯定感を高めることを自らのミッションとしている心理カウンセラーです。

この本を開いてくれた方なら、「いつでも自信満々！」という人は少数派だと思います。

ではそもそも、自信はどこからやってくるのでしょうか？ 「自己肯定感の高い人」ほど自信を持ちやすく、自信と自己肯定感はほぼ同じ意味だと、わたしは考えています。

自分の存在価値を認め、他人の評価や価値観に左右されることなく、「自分は自分のままでいい」「自分にマル！」といえる感覚――それが自己肯定感です。

でも日本は、「調和」や「空気を読むこと」が重視される社会。本当はこうしたいとか、ああしたほうがいいのにとか、本音ではイヤだとか、人それぞれ思いがあるはずなのに、あえて自分の意見を言わなかったり、周囲に合わせたりする方は多いでしょう。

そういうことが増えてしまうと、自信を持ち続けることが難しくなります。

さらによくないことに、経済的に長らく停滞しているのが現代です。自己肯定感の大敵である〝ストレス〟を解消するために、ちょっとした贅沢をすることも簡単ではなくなっています。社会全体として、明るい見通しは少なく、大きな不安を抱えています。また、SNSが普及してから、他人と自分を比べる機会が増えていることも、自己肯定感が揺らぎやすい要因となっています。

意外かもしれませんが、自己肯定感は、他人からの「いいね！」の数で高まるものではありません。**大切なのは、誰かの評価ではなく、自分自身に「よく頑張っているよ」といえること、自分の幸せを自分で認められること**です。

こうした時代にあっては、自信があるように見える人でさえ、自己肯定感が揺らぎやすいもの。特に、現代社会に生きる女性は、仕事、家族、友人関係と、複数の場で様々な役割を同時にこなすことが求められています。そのため、ときには自分のことをあとまわしにし、「もっと頑張らなければ」と自分を追い詰めてしまうこともあります。

しかし、**心と体のバランスを崩さないためには、まず自分自身に寄り添い、自分を大切にすることが必要**です。

そこで本書では、「セルフ・コンパッション（自己への慈しみ）」の考え方をベースに、自

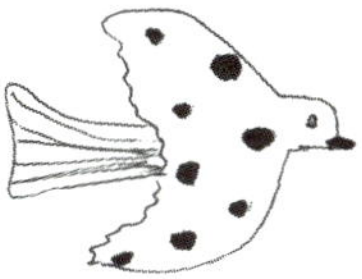

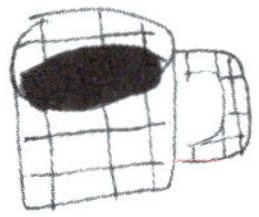

信のある自分に切り替わるための具体的な方法＝自信スイッチを、たくさん紹介しています。**どんな人も、自己肯定感を高める力を備えています。あとは、それを引き出す方法を学ぶだけ。**筋トレの方法を学んで実践すれば、筋肉を鍛えられるのと同じです。**何歳からスタートしても、遅いということはありません。**

本書で紹介するメソッドは、誰でもすぐにはじめられるシンプルなものばかりです。**セルフハグやツボ押しといった応急処置的なものから、日々の習慣にしてほしいもの、長期的な視野で人生の成功を見すえたものまで、様々な方法をとりあげました。**

もちろん、ここに記載したすべてを実践する必要はありません。「これならやれそうだ」と自分に合うものを見つけ、少しずつ習慣化していきましょう。

あなたのペースで、無理なく楽しみながら取り組んでください。

その「小さな一歩」が、やがてあなた自身とあなたの人生を大きく変えてくれます。他人の価値観に左右されず「自分はこれでいい」と思える、強い心の軸を得ることができ、たとえ困難に直面しても、自分の力を信じて乗り越えられるようになるはずです。

この本を通じて、一人ひとりが自分に「ＯＫ」を出し、自分らしく輝ける人生を歩む力を手に入れていただければ、これほど嬉しいことはありません。

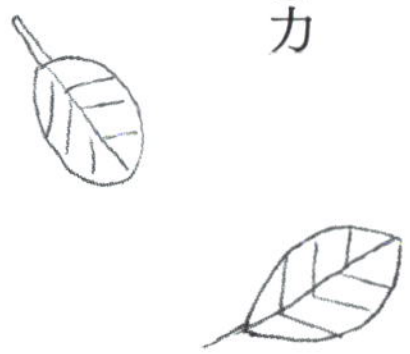

あなたの自信度はどれくらい？

自己肯定感チェックシート

以下の項目のうち、あてはまるものにチェックを入れてください。

- □ 朝、鏡を見たときに自分の嫌なところを探してしまっている
- □ SNSを開くたび、人からの「いいね」を待っている自分がいる
- □ 職場や家庭でちょっと注意されると、深く落ち込み、立ち直るまでに時間がかかる
- □ 自分のペースを乱されると、些細なことでもイラッとしてしまうことがある
- □ ふとしたときに「無理」「忙しい」「疲れた」「どうしよう」「嫌だ」「つらい」といったネガティブな言葉がこぼれる
- □ 「〜すべき」「〜せねば」と考えてしまい、行動を起こせない
- □ 上司など他人からいわれた何気ないひとことが気になって、こだわってしまう
- □ やるぞと決めたけど、まわりの人の目が気になり、躊躇《ちゅうちょ》してしまうことがある
- □ 出かける前、1日を過ごす服選びに悩んでしまう
- □ 一度決めたことなのに、「本当にこれでいいのかな」と悩むことがある
- □ 新しいことに挑戦したいと思っても、「どうせできない」と勝手に限界を決めてしまう
- □ 電車から降りるときやエレベーターに乗るとき、ノロノロしている人にイライラする

いまのあなたの自己肯定感は？

チェックを入れた項目が

0〜3個 ………… 自己肯定感が高い
4〜7個 ………… 自己肯定感は人並み
8〜9個 ………… 自己肯定感は高くない
10個以上 ………… 自己肯定感が低い

大人の「自信スイッチ」わたしを救う43の習慣 Contents

Part 1 「自信」ってなんだろう？

Part 2

いますぐ身につけたい「習慣スイッチ」

Part 3

落ち込んだときに効く「復活スイッチ」

Part 4 ワクワクした気分になれる「魔法スイッチ」

Part 1

「自信」って
なんだろう？

自分を抑え続けると
本来の自分がわからなくなり、
自信を持ちにくくなる

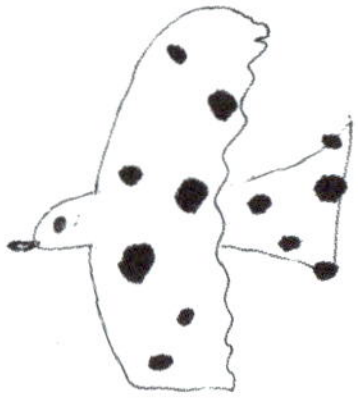

自信がある人は自分の意見を持ち、
失敗を恐れず挑戦することができます。
しかし、慎重で不安を感じやすいのが日本人。
女性は同調圧力により自分の意見を抑え込む傾向も……。
そこで重要となるのは、「ブレない軸」を持つことです。

自信を持っている人ほど充実した日々を送ることができる

自信がある人とは、どういう人でしょうか。様々な見方がありますが、多くの人に共通するイメージとして、「どのような状況でもブレずに対応できる人」「ものごとに積極的にチャレンジし、失敗してもすぐに立ち直り、次の一歩を踏み出せる人」といった像が挙げられると思います。自信とは、しっかりと主体性を持って自立できている感覚——近年浸透してきた表現でいえば、「自己肯定感」とほぼ同義です。

自己肯定感が高い人は、人生に対して前向きな姿勢を持ち、多様な経験を積もうとするので、より充実した日々を送ることができます。

一方、自己肯定感が低い人は失敗を恐れ、挑戦を避けてしまいがちです。結果として自己否定に陥りやすく、日々の生活に満足感を覚えにくくなります。

女性は根本的に特有の「生きづらさ」がある

そもそも**日本人は「セロトニン（幸福感をもたらし、心のバランスを保つ神経伝達物質）」の分泌量が少なく、不安を感じやすい傾向があるとされています。**加えて、周囲との調和を重んじる**「空気を読む文化」により、強く主張することが美徳とされない風潮もあります。そのため、自分の意見を貫くことにためらいがちで、自己肯定感を低下させやすいのです。**

特に女性の場合、「同調圧力」の影響を受け、生きづらさを抱える人が少なくありません。女性は男性に比べて、他人との調和を重視する傾向が強く、周囲に合わせることを求められがちです。本当は異なる意見を持っていたとしても、「空気を壊したくない」「和を乱したくない」という思いから、自分の考えを抑え込んだり、やりたくないことに付き合ったりすることが多いのです。

その結果、本来の自分がわからなくなり、自己肯定感を高く持ち続けることが難しくなります。

さらに、生物学的に出産の機能を持たない男性と違って、女性は「子どもを持つこと」について特有の悩みを抱えやすい傾向もあります。結婚や出産のタイミングに関して、周囲からの期待やプレッシャーを受けたり。ホルモンバランスの変化の影響で、心身の状態が不安定になったり。たとえ自分なりの考えを持っていたとしても、その価値観が揺らぎ、自信を失いやすいのです。

こうした状況のもとで重要なのは、自分のなかに「ブレない軸」を持つこと――つまり自己肯定感を高めることです。**自己肯定感が高い人は、周囲からどのような意見を受けようと、自分の信念をしっかりと持ち、流されずに対応できます。**

では、どうすれば自己肯定感を育て、揺るぎない自信を確立できるのでしょうか。まずは、自己肯定感とはなにかを正しく理解することが、自信をつける第一歩となります。

「セルフ・コンパッション」——自分自身への思いやりが自信をつけるカギ

「自らを追い込む」「自分に厳しい」といったことに
いいイメージを持っている人もいるかもしれません。
でも、実はそれにより
自己肯定感の低下を招くこともあります。
自己肯定感UPには、「自分を慈しむ意識」が欠かせません。

自分を適度に律し、慈しめる人ほど高い自己肯定感と強さを手にする

次章からは、自己肯定感を高めるための具体的なメソッドを紹介していきますが、どの方法を実践するにしても、ベースとして持っておいてほしい意識があります。「セルフ・コンパッション」という考え方です。

セルフ・コンパッションとは、近年、アメリカを中心に研究が進んできた、「自分を思いやり、慈しむ概念」のこと。自分のことを大事に思い、大切に扱う、とも言い換えられるでしょう。

あなたは、自分を思いやり、慈しむことができていますか？　大切なパートナーや親しい友人が落ち込んでいたら、「その気持ち、よくわかるよ」「つらいよね」と寄り添うはずです。ところが、他人には優しく接することができても、自分には厳しく接してしまう人は意外なほど多いのです。

特に、**「自分は完璧主義者だ」と自覚している**

ような人は注意が必要です。仕事でミスをしたり人間関係がこじれたりなど、ネガティブな出来事が起きると、完璧主義者は「わたしのせいだ」と、自分を責めたり追い込んだりしがちです。

あるいは、学生時代にスポーツなどに本気で打ち込んだ経験がある人も、「自分を追い込む」ことで結果的にパフォーマンスが向上する、といったイメージを持っていることが多いでしょう。

たしかに、そこから「また同じような場面が訪れたら、今度はこうしよう」と考え、自らの成長につなげられることもあります。しかし、**必要以上に自分を責めたり追い込んだりすると、自己肯定感を大きく低下させ、前向きに立ち直る力までをもくじいてしまうのです。**

実際は、**自分を適切に慈しむことこそが、その人の「強さ」を生みます。**例えば、離婚といったような困難な出来事にも、自分を慈しむことができる人ほどうまく対処できることが、セルフ・コンパッションの研究によってわかっています。

太古の昔から本能として続く「ネガティブ探し」に抗おう

ただ、それらの事実を知っても、つい自分を追い詰めてしまうのが人間です。なぜなら、それが生き物としての人間の本能だからです。

原始時代の人類が生き延びるには、あらゆる危険の芽に注意を向けておかなければなりませんでした。その注意は自分にも向かいます。「なにか落ち度はないか？」と、本能的に自分自身のネガティブな側面を見つけようとするのです。**その強力な本能に抗うために、強いセルフ・コンパッションの意識を持っておいてほしい**のです。

親から命を与えてもらい、この世に自分が存在すること自体、奇跡といえるような素晴らしいこと。そう思えたら、わざわざ自分で自分を粗末に扱うことなどなくなるはずです。また、自分を他人であるかのごとく扱い、他者にするのと同じように自分に優しくする意識も有効です。

「6つの感」を高めて負のスパイラルから脱け出そう

ネガティブな出来事に遭遇したとき、
自信のない人はそれゆえに強い不安に襲われ、
さらに自己肯定感を下げてしまいます。
そのような「負のスパイラル」に陥らないためにも、
日頃からポジティブな選択を意識しましょう。

自信がない人ほど自己肯定感の低下を招きやすい

自己肯定感に関する怖いこととして、いわゆる「負のスパイラル」があります。

例えば、健康診断でなんらかの病気が見つかったとき。先に触れた、自分自身のネガティブな側面を見つけようとする傾向は、自己肯定感の低い人ほど顕著なので、「もっと悪いところがあるに違いない」というように自ら不安探しをしてしまいます。そうして、ますます元気がなくなってしまうのです。

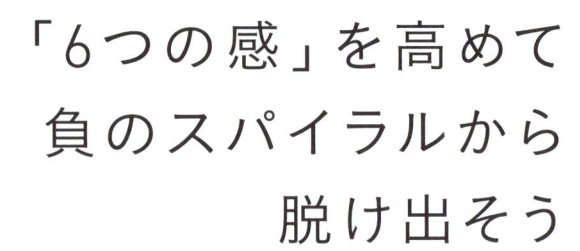

一方、自己肯定感の高い人は、「ずっと頑張ってきたし、これは『休んでいいよ』というお知らせだ」「もっと健康を意識したほうがいいと気づくことができた」など、病気が見つかった事実をポジティブにとらえることができます。

このように、**同じ事実を前にしても、本人の認識は自己肯定感の高低によって大きく異なる**ものになります。

日々、様々な場面でそうした「認識の分かれ道」があるわけですが、**自己肯定感が高ければ負のスパイラルに陥ることなく、その後の人生に対しても前向きに臨むことができる**のです。

この自己肯定感をひも解くと、6つの感覚に分けられます。「自尊感情」「自己受容感」「自己効力感」「自己信頼感」「自己決定感」「自己有用感」の6つです。

詳しくは次ページから解説しますが、これらは自信をもつための土台として大事なもので、わたしは「6つの感」と呼んでいます。

自己肯定感を1本の「木」にたとえると、それぞれが「根」「幹」「枝」「葉」「花」「実」にあたります。6つの感について知っておくと、「これは自己効力感を高められそうだ」というようにメソッドに対する理解も深まり、それだけ効果も高まります。

自己肯定感を支える6つの「感」

- **①自尊感情** 「自分には価値がある」と思える感覚
- **②自己受容感** ありのままの自分を認められる感覚
- **③自己効力感** 「自分にはできる」と思える感覚
- **④自己信頼感** 自分を信じられる感覚
- **⑤自己決定感** 自分で決定できるという感覚
- **⑥自己有用感** 自分はなにかの役に立っている感覚

1 自尊感情／自己肯定感の「根」
「自分には価値がある」と思える感覚

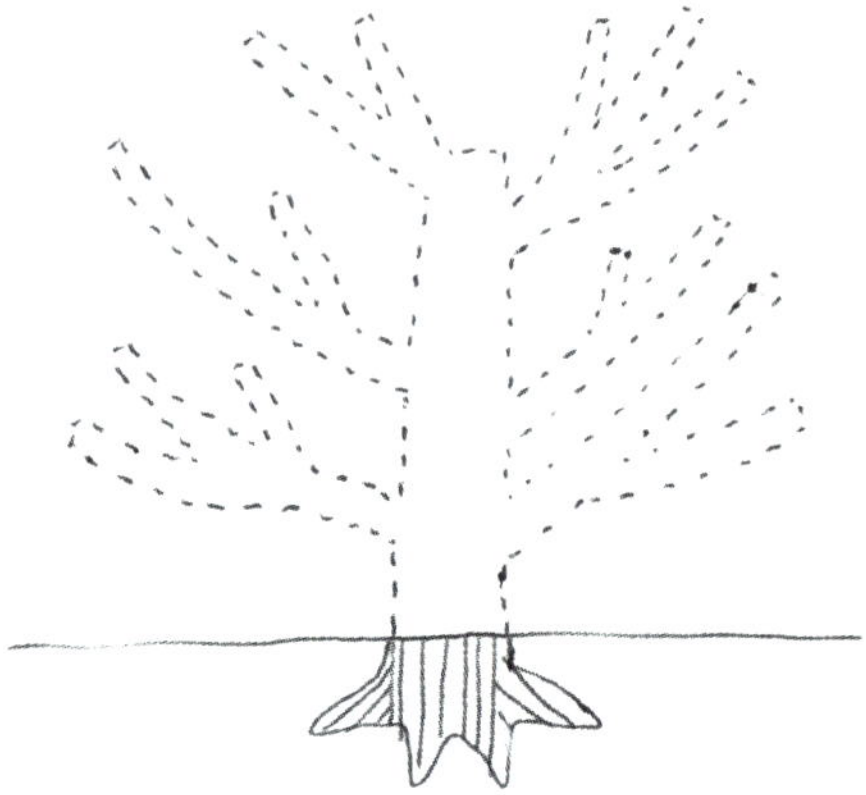

「自尊感情」は、木の「根」にあたります。木にとって、土台である根がしっかりしていないと、その上に育つ全体を支えられません。
自尊感情が高まっていると、「自分ってけっこういいよね！」と自分への誇りを持って毎日を生き生きと過ごすことができます。人生を楽しむために重要な基盤です。

2 自己受容感／自己肯定感の「幹」
ありのままの自分を認められる感覚

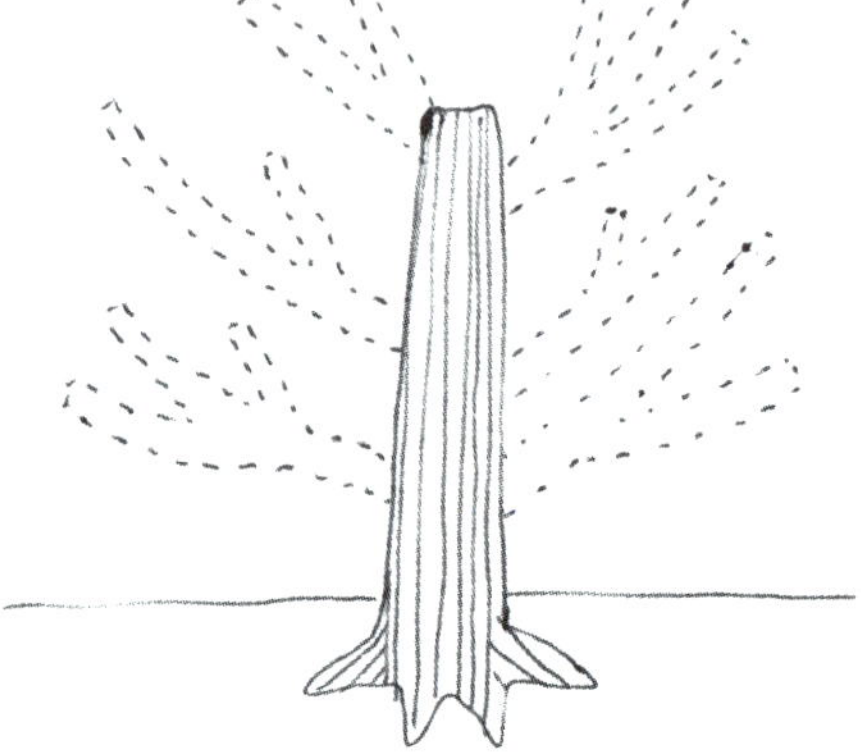

「自己受容感」は、木の「幹」にあたります。幹が細い木と太い木で折れにくいのは、後者ですよね？　つまり、「ありのままの自分でいい」という自己受容感が高まっていると、折れない心を手に入れられます。
太い幹を育てて、苦しい場面でも「必ずなんとかなる！」と思えるたくましさを発揮しましょう。

3 自己効力感／自己肯定感の「枝」
「自分にはできる」と思える感覚

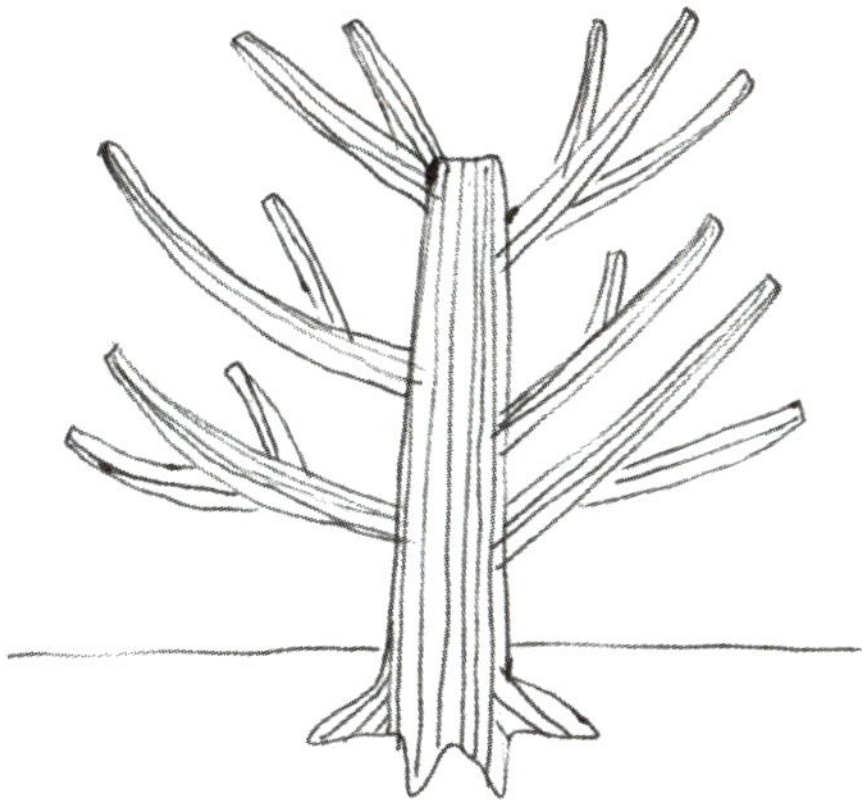

「自己効力感」は、木の「枝」にあたります。枝はしなやかでなければすぐ折れてしまいますし、大きく広げられなければその先にたくさんの花や実をつけることができません。

「自分にはできる」という感覚が高まれば、何か問題に直面しても、「こうすればうまくいく!」と前進する勇気が湧いてきます。

4 自己信頼感／自己肯定感の「葉」
自分を信じられる感覚

「自己信頼感」は、木の「葉」にあたります。葉で光合成が行われて、木にとっての栄養がつくられるように、人生を豊かにしてくれます。

「絶対に大丈夫だ!」と自分を強く信じることができれば、木がたくさんの葉を広げていくように行動の幅も広がり、自分の世界を広げてくれる積極性を獲得できるのです。

自己決定感／自己肯定感の「花」 5

自分で決定できるという感覚

「自己決定感」は、木の「花」にあたります。花は幸せの象徴ともいえますが、わたしたちの幸福度は、「自分で決めたかどうか」に大きく左右されます。

どんなに高価なプレゼントをもらっても、「これが欲しい」と自分で決めたものでなければ嬉しさはそれほど大きくならないように、自己決定感と幸せは比例するのです。

自己有用感／自己肯定感の「実」 6

自分はなにかの役に立っている感覚

「自己有用感」は、木の「実」にあたります。集団生活を営む人間は、社会のなかで「自分はしっかり役に立てている」と思えると、本能的に強いよろこびを感じられます。

それは、甘い果実みたいなご褒美を受け取っているようなもの。たくさんの実をつけられれば、それだけ人生は充実したものになります。

「6つの感」をひとつ高めると他も高まっていく

　ここまでに解説してきた「6つの感」は、互いに密接に関連し合っています。

　そのため、「6つの感」のうちどれかひとつが弱まれば他も弱まり、反対に、どれかが高まっていくと、ほかの感覚も高まっていきます。例えば、「自分は役に立っている」という自己有用感が高まると、「こんな自分っていいよね」と自尊感情や、「こんな自分ならどこに行っても大丈夫だ」と自己信頼感も高まるといった具合です。

　つまり、**6つすべてを一気に上げようとしなくていいのです。「どれかひとつを高めるだけでいい」と気楽に考えましょう**。そのようにして「6つの感」が徐々に高まっていくと、いずれ大きく力強い「自己肯定感の木」ができあがり、あなたの心と人生をしっかりと支えてくれます。

他人からの「いいね」は根本的な自信にはつながらない

手軽に人と交流でき、楽しんでいる人の多いSNSですが、
精神的な負担を増すというデメリットもあります。
しかも、他人から「いいね」をもらえても、
自己肯定感の向上につながりません。
なによりも、自分で「いいね」といえることが大切です。

「自分で自分を認めたい欲求」は他者からの承認欲求より上

若い世代に限らず、いまは多くの人がひとつやふたつはSNSを利用しています。その魅力として、いわゆる「承認欲求」を満たせることがあります。承認欲求とは、「価値ある存在として、他人から認められたい」という欲求のこと。たくさんの「いいね」をもらえれば、誰だって嬉しく感じますよね。

しかし、心理カウンセラーの立場からいえば、**SNSには危険性も潜んでいます。それは、「感情の起伏が大きくなる」ということです。**

リアルの人間関係がこじれて苛立ったとしても、よほどのことでなければ「激怒」レベルの強い怒りを覚えることはあまりないでしょう。一方、SNSで見ず知らずの他人から攻撃されると、相手の顔が見えないことなども手伝って、怒りを増幅させてしまいがちなのです。そのように感情

の起伏が大きくなれば、精神的な負担は増すばかりです。

そもそも、**他人からどれだけ認められても、本当の意味で自己肯定感を高めることにはつながりません**。心理学者のアブラハム・マズローが提唱した「5段階欲求説」*によると、承認欲求は、自己実現欲求に次いで高次のものとなっています（＊生きるために必要な「生理的欲求」にはじまり、「安全欲求」「社会的欲求」「承認欲求」「自己実現欲求」まで、人間には5段階の欲求があるという説）。

しかし、**「自分で自分を認めたい欲求」（＝肯定欲求）は、人から認められたい欲求（承認欲求）の上の階層にある**というのが、わたしの実感です。カウンセリングを通じて、他人から認められても自分を認められないと自己肯定感が低いまま、というケースを何度も目のあたりにしてきました。

他人からの「いいね」を求めるのではなく、自分で「いいね」と思えるようになる――。これも、自己肯定感向上の大きなポイントです。

自己肯定感のピラミッド

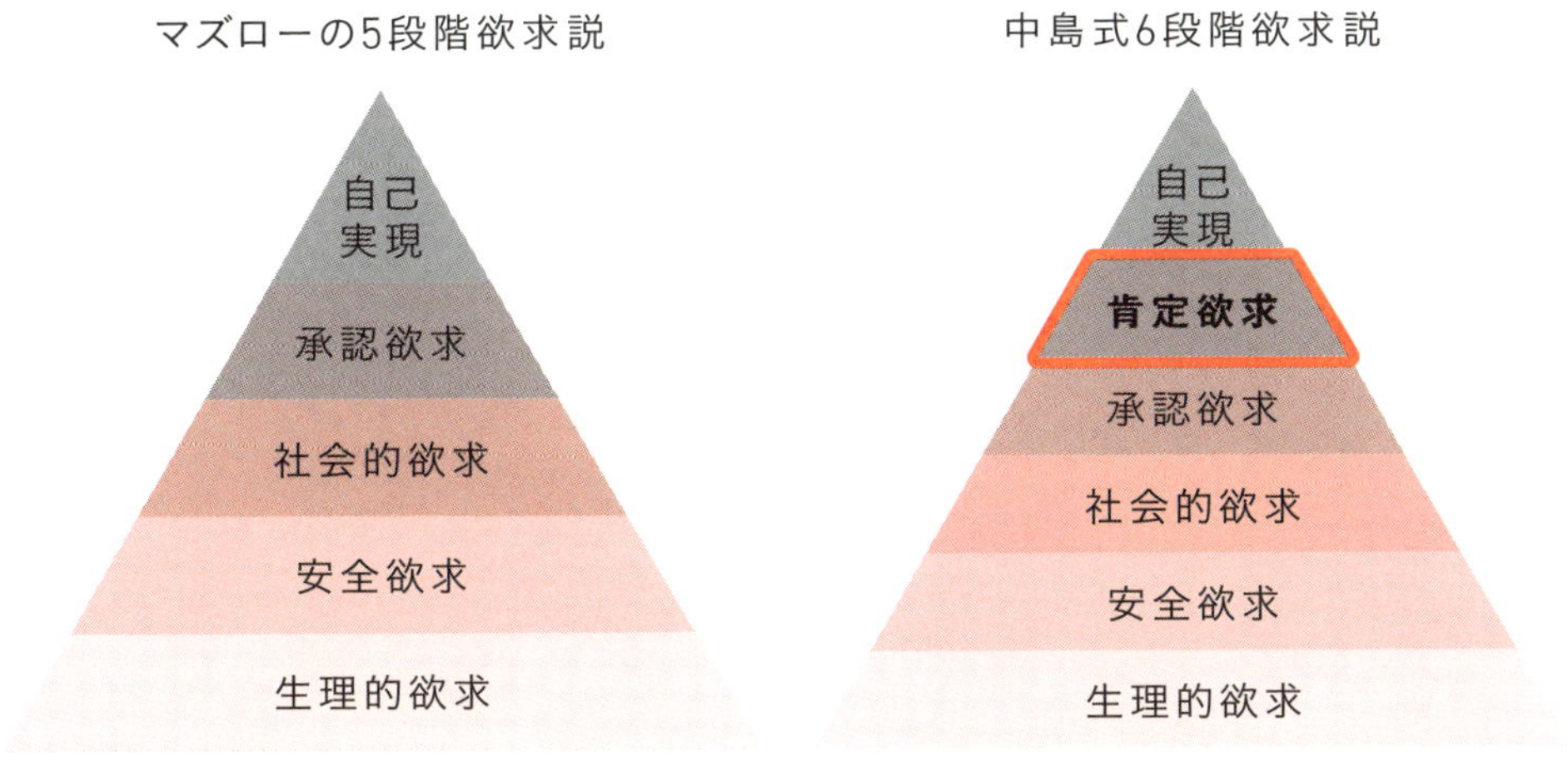

過信や傲慢ではない「本物の自信」がつくと生きやすくなる

他人と比較すると、本物の自信（自己肯定感）ではなく
他人の評価次第ですぐに崩れ去っていく
「偽物の自信」を生んでしまいます。
他人と比較しないためには、
自分のライフスタイルを確立することが重要です。

「本物の自信」と過信・傲慢は何が違うのか？

先述のＳＮＳの扱いについては、「他人との比較」という点でも注意しなければなりません。

ＳＮＳを見ていると、他人のキラキラした生活を目にして「うらやましい」と思うこともあるでしょう。すると、他人と自分を比べてしまい、「わたしは駄目だな……」と自己肯定感の低下を招いてしまうこともあるのです。

他人との比較がもたらす弊害は、それだけではありません。**他者の評価に依存することで、「偽物の自信」をつくってしまう**こともあります。偽物の自信とは、「過信」や「傲慢」のことです。

自己肯定感とは「しっかりと主体性を持って自立できている感覚」です。あくまでも自己評価に基づいて自分の能力や価値を肯定的にとらえ、自己成長や挑戦を可能にしてくれる強い信念を意味しますから、そこに他人との比較はありません。

これこそが、本物の自信です。

対して過信は、「自分の能力や価値を実際以上に高く評価しすぎる」ことです。自分の能力や価値を自身で正確に把握できないことから生じるため、他人との比較が絶対条件ではありません。しかし、「あの人よりわたしは優れている」といった他人との比較が、過信を助長する側面があることは間違いありません。

また、傲慢とは、「自分の能力や価値を過度に高く評価し、他人を見下す態度」のこと。傲慢な人は、自分自身の特性や成長ではなく、他人との比較や競争から自己評価を高めようとします。他人との比較がつねに介在するのです。

他人との比較は、自己肯定感を育むうえで「百害あって一利なし」といえます。他人との比較にとらわれている人は、誰かから褒められたり認められたりすれば有頂天になり、自信満々の状態になりますが、それは過信や傲慢に過ぎません。

自分のスタイルを確立すると比較する癖から抜けやすい

偽物の自信は、ひとたびダメ出しされれば、あっという間に揺らいで崩れ去ってしまうでしょう。**過信や傲慢は、人生をしっかりと支えてくれるような強い力ではない**のです。そういった他人との比較による悪影響を避けるには、「自分のライフスタイルを確立する」ことが有効です。

あなたは、どのような生活を営み、どんな人生を歩みたいのか、イメージできていますか？　住まいひとつとっても、「都市部のマンションに住みたい」人もいれば、「子育てのためにも、静かな地方の戸建てに住みたい」人もいます。

ライフスタイルは十人十色であり、他人と比較するものではありません。衣食住にかかわるあらゆるものについて、**「わたしはこうしたい」「こうすれば、輝ける」という自分のスタイルを見つけておけば、他人と比較する必要がなくなります**。

いまネガティブモードでも、様々なきっかけで必ず自信を取り戻せる

自己肯定感は様々な要因により、
高まったり低下したりします。
赤ちゃんの頃の自分を思い浮かべ、
「いまは自信を失っていても、いずれ取り戻せる」
と気楽に考えましょう。

ふだん自信がある人も自己肯定感が低下することはある

7ページの「自己肯定感チェックシート」の結果はどうでしたか？　「高くない」「低い」という結果になった人も、心配する必要はありません。なぜなら、「いまのわたしは自己肯定感が低いんだ」ということを認知できているからです。

この本を手にとってくれた時点で、あなたは自分を変えたいと思っていて、自己肯定感向上の第一歩をすでに踏み出しています。

自己肯定感は、様々な要因によって高まることもあれば低下することもあるという特性を持っています。長い人生のなかで、いちばん自己肯定感が高いのは、いつだと思いますか？　答えは、赤ちゃんのときです。

当たり前のことですが、赤ちゃんは、「わたしは駄目な人間だ」「自分に『いいね』なんていえない」などとは考えません。また、他人の目を気

にすることなく、興味を持ったものを手で触れたり口に入れてみたり、感情のままに泣いたり笑ったりと、自由に行動するのが赤ちゃんです。それは、「わたしは自分の思う通りにやりたいことをやる」「できるんだ」という、まさしく自己肯定感が高まっている状態です。

そして、赤ちゃんは失敗を恐れることもありません。成長するにつれ、ひとりで歩けるようになり、走ったりジャンプしたりもできるようになります。大人は外国語の習得に苦戦することもありますが、言語だって赤ちゃんは難なく習得します。そのような成功体験を積み重ねるうちに、赤ちゃんの自己肯定感はぐんぐん高まっていくのです。

ところが、そんな赤ちゃんも成長すると、「自分と他人は違う」という自我の目覚めを迎え、他人と自分を比較することが増えてきます。また、やりたいことや周囲から求められることのハードルが上がり、失敗や挫折も経験します。そうして、自己肯定感が下がってしまうのです。

赤ちゃんのときに誰もが持っていた強い自信を取り戻すだけ

そのように**低下した自己肯定感も、自分の新たな成長を感じたり、周囲からの励ましがあったりすれば、また高まっていきます**。

自己肯定感は高まることもあれば低下することもある。このことを知っておけば、なんだか自信がもてないというときも、必要以上に落ち込んだり自分を責めたりすることなく、「いまは自己肯定感が下がっているんだな」「でも、ちょっとしたことでまた高まっていくはず」と冷静に考えられるようになります。**負のループに陥らないためにも、一喜一憂しないことはとても大切**です。

そもそも、持ちあわせていなかった自信を手に入れようというわけではありません。赤ちゃんのときには誰もが持っていた強い自信を、取り戻すこと。「それだったらできそうだ」と思えてきませんか?

価値観が多様化し、不安要素の多い時代にこそ揺らがない軸をはぐくもう

物価上昇によりお金が使えなくなると、
ストレスを解消する方法も限られてきます。
自信を失いやすい状況下にあっては
なおさら、自己肯定感を向上させることの
意義は大きくなります。

経済の停滞と人口の減少が自己肯定感低下に拍車をかける

みなさんには、「いま」という時代だからこそ、自己肯定感を高めてほしいと思います。なぜなら、とても自己肯定感が下がりやすい時代だからです。

そんな時代となっている要因のひとつは、長く続く日本経済の停滞です。経済成長率は伸び悩んでいるにもかかわらず、２０２１年以降は物価上昇が加速しインフレ傾向に。お金に対する不安は大きくなる一方です。

それに加えて、ストレスも自己肯定感にとっての大敵です。なにか大きな失敗をしてしまった、理不尽な理由により誰かに否定されてしまったといったストレスが重なれば、自分を信頼する心が揺らいでしまうからです。

つまり、**適切にストレスを解消することも、自己肯定感向上の大きなポイント**といえます。十分な収入があれば、ちょっと贅沢をして高価な洋服

を買ったり、高級レストランで食事をしたり、あるいは海外旅行をしたりして、ストレスを解消することもできますよね。

ところが、物価高により実質賃金が2022、2023年と連続してマイナスとなり、そのマイナス幅も拡大しているなかでは、ストレス解消法の選択肢も限られてきます。いまの日本は、ストレスを解消しにくく、閉塞的な状況にあるのです。

また、コロナ禍以降の価値観の変化も見逃せないポイントです。働き方ひとつとっても、リモートワークが広まるなど、これまでの当たり前が当たり前ではなくなりました。そういった変化を受け入れている人もいれば、そうでない人もいます。**人それぞれの価値観が衝突しやすい状況になり、「自分の考えは本当に正しいのかな？」と、自己肯定感が揺らぎやすくなっている**といえます。

加えていえば、若い世代の人口減少も、自己肯定感低下につながる要因になります。そのような社会では、時代の空気感というものも変わってきて、例えば、健康や介護、年金制度といった高齢者に関する問題がより重視されるようになりました。若い世代も、メディアを通じてそうした問題に触れるなか、自分たちの将来を不安視し、「自分らしく前向きに生きよう」という思いを持つことが難しくなることも考えられます。

このようなことを背景に、自己肯定感を向上させることの重要性がより高まっているとわたしは考えているのです。

次章からは、自己肯定感を高めるための様々なメソッドを紹介しています。「これならできそう」「自分に合っていそう」というものを、ひとつでもふたつでもいいので、まずは21日間、可能ならば66日間続けてみてください。

習慣化に関する研究では、**単純な習慣なら21日、ポジティブな思考を培うような、ややハードルの高い習慣は66日で定着する**とされています。その数字を念頭に置いて、日々、取り組んでみましょう。

心を育てる健康豆知識
COLUMN 1

「リカバリーミール」で元気をチャージ!

忙しい日々のなかでは、心も体も疲れ果ててしまうことがありますよね。特に、リフレッシュする時間を確保するのが難しいときにおすすめなのが、「リカバリーミール」。手軽につくれるのに栄養豊富で、エネルギー補給はもちろん、筋肉の修復と成長、免疫機能のサポートといった様々な効果を期待できる、元気の回復に役立つ食事のことです。体の内側から活力をチャージしていきましょう。

まず意識したいのは、**疲労回復に役立つタンパク質やビタミンC、ミネラルを含む食材**です。例えば、**鶏むね肉のレンジ蒸し**は簡単に調理でき、**サラダやスープ**を加えれば満足感のあるメインメニューになります。さらに、**ブロッコリーやパプリカ**を添えれば、ビタミンCをしっかり摂取できるうえに、見た目も鮮やかで食欲もアップ。

調理が面倒なときには、コンビニで手に入る食品を上手に活用するのもいいですね。**サバ缶やツナ缶、冷凍野菜**は栄養価が高く、手軽に調理できる優れたアイテム。**レンチンした野菜とサバ缶をまぜて味噌を少し加える**だけで、栄養たっぷりのおかずが完成します。缶詰を常備しておくとよいでしょう。

また、食事の際には少しだけ時間をかけて「味わう」ことを意識してみましょう。テレビやスマホを見ながらではなく、**目の前の食事に集中することで、満足感が格段に高まります。**「疲れた自分を癒やす時間」として、食事そのものを楽しむことも大切です。

Part 2

いますぐ
身につけたい
「習慣スイッチ」

1

こぶしを上に突き上げて「ヤッター！」のポーズをする

「ヤッター！」のポーズとは、両こぶしを上に突き上げるポーズのこと。このポーズをすることで、「ストレスホルモン」の分泌量が減り、「勇気のホルモン」の分泌量が増えます。

朝にこのアクションをするだけで
気分よく前向きに1日のスタートを切れる

体から「元気」という信号を発し いい意味で脳を勘違いさせる

ふだんはどんなに元気な人だって、特に月曜日などは、「朝からなんだか憂うつ……」という日もありますよね。

そこでおすすめなのが、起床したタイミングで、「ヤッター！」といいながら、両手のこぶしを力強く上に突き上げること。名づけて、「ヤッター！」のポーズです。**時間は30秒ほどで十分。**たったこれだけのアクションで、感情が「快」の状態になり、気分よく前向きに1日のスタートを切ることができます。

「え、それだけで？」と不思議に思われたかもしれませんが、ちゃんと理由はあります。脳は体を動かすために様々な信号を出していますが、逆に、**体の動きが脳に働きかけて気持ちを変えてくれる**こともあるのです。

「楽しいから笑うのではなく、笑うから楽しくなる」といった話を聞いたことはありませんか？それと同様の仕組みです。

具体的にいうと、このポーズをすると血流がよくなり、脳が恐怖を感じたときに分泌される「ストレスホルモン（コルチゾール）」の分泌量が低下します。加えて、やる気やバイタリティーに大きくかかわる「勇気のホルモン（テストステロン）」の分泌量が増えます。**元気信号が出て、憂うつな気分が吹き飛ぶ**というわけです。

もちろん、このアクションの効果は朝に限定されたものではありません。朝だけでなく、気分が落ち込んだときには、元気よくこぶしを突き上げましょう。毎朝の習慣にしてもいいし、思いついたときだけでも構いません。

声を出せない、大きなアクションをすることが難しい場所では、**心のなかで「ヤッター！」というだけでもOK**。体から、「わたしは元気だよ！」という信号を発して、いい意味で脳を勘違いさせてあげましょう。

2

鏡のなかの自分に向かって「今日もいい感じ！」と語りかける

自分のネガティブな側面ばかりが見えているときは、自分に向かって「今日もいい感じ！」などと、前向きな言葉をたくさんかけましょう。潜在意識をポジティブに書き換えるのです。

潜在意識を書き換えるテクニック「アファメーション」を活用しよう

言葉の力で自分のポジティブな面に注意が向かうようになる

社会心理学の見地では、**愛しい人やモノ、動物などを見るとき、人間は「愛しい」という肯定的側面しか見えない**といいます。自分の子どもに対する態度や見方などはその典型でしょう。一方、**嫌いな人やモノ、動物などを見るときは、逆に否定的な側面ばかりに目が向かいます**。

ところで、あなたは自分自身をどのように見ていますか？　鏡に映る自分を見て、「なんだか冴えない顔をしているな……」「今日は顔がむくんでいて仕事に行きたくない……」など、嫌なところばかりが目につくときは、自分に対する「愛しい」という気持ち、つまり自己肯定感が下がっていて、自信を失っている状態です。

特に日本人の場合は注意が必要かもしれません。一般的に謙虚であることを美徳とする社会であるため、どちらかというと自己否定しがちな国民性を持っているからです。

でも、心配しなくても大丈夫。鏡のなかの自分に催眠術をかけるつもりで、「今日もいい感じ！」とポジティブな言葉をかけてあげましょう。すると、それまでが嘘のように自分のいいところに目が向かうようになります。

これは、自分に**肯定的な言葉を投げかけることで潜在意識を肯定的に書き換えるという、脳科学をベースにした「アファメーション」と呼ばれるテクニック**を活用したものです。

「今日もいい感じ！」に限らず、「わたしって運がいい！」「朝からいい笑顔！」「今日はなんでもうまくいく！」など、ポジティブな言葉を鏡のなかの自分にたくさんかけるとより効果的です。

これを行うのは、朝がおすすめ。毎朝、顔を洗ったりメイクをしたりするときには、必ず鏡を見ますよね。そのタイミングでアファメーションを行うことで、効果を実感しやすくなると同時に、習慣化しやすくなります。

3

30秒だけでもOK！
瞑想でネガティブな感情を手放す

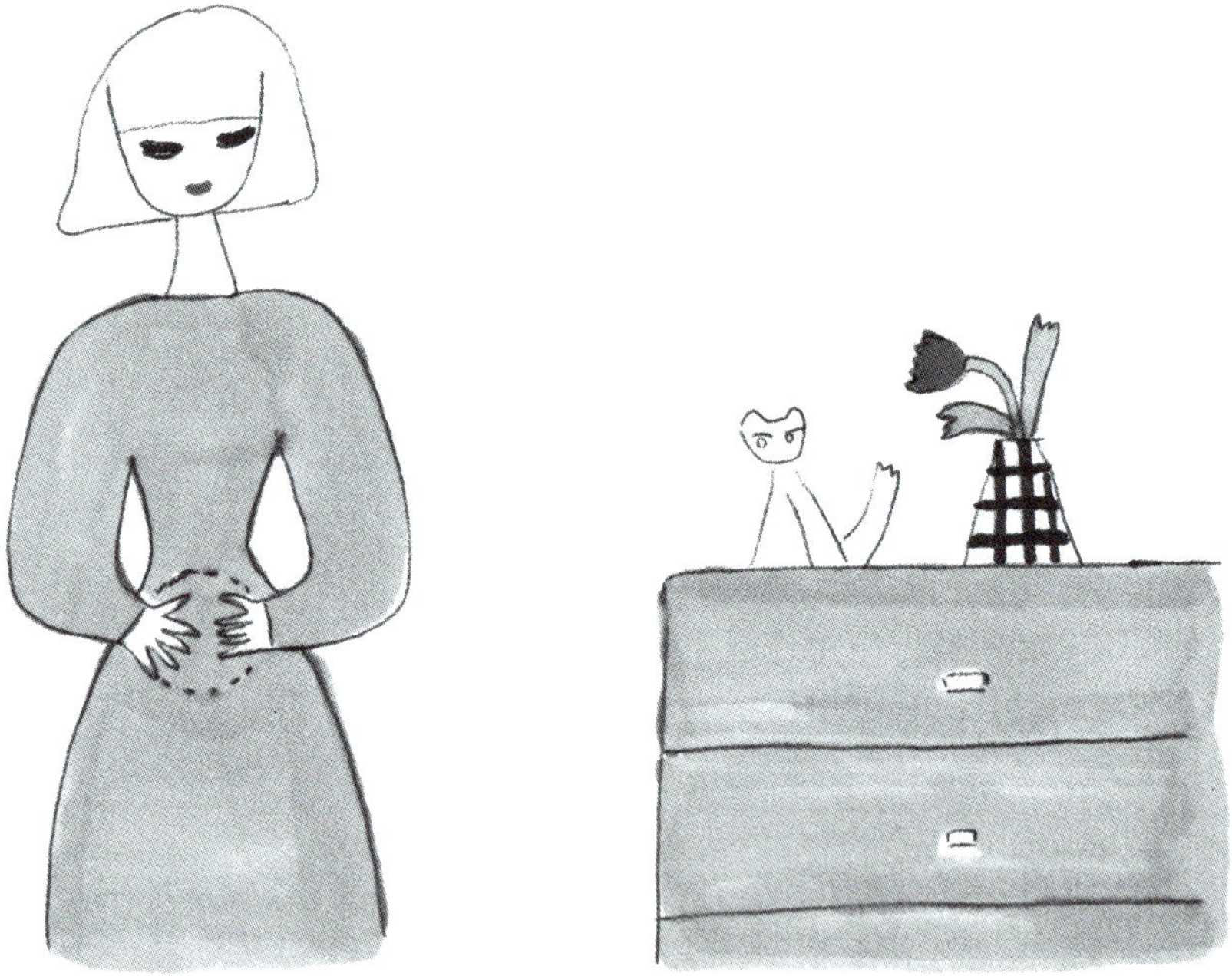

自信が持てないときは、「過去」や「未来」に目が向かいがち。おへその下にある「丹田」というツボを意識した瞑想をして、「いま、ここ」にフォーカスしましょう。1週間のなかのたった30秒だけでも構いません。

体・感情・思考・呼吸が整い
「いま、ここ」にフォーカスできる

自己肯定感が高まるだけでなくダイエット効果も期待できる

自己肯定感が下がっているときの特徴のひとつに、すでに終わった「過去」の出来事についてくよくよと思い悩んだり、逆にまだ起きてもいない「未来」に対して不安、恐れといったネガティブな感情を抱いたりしがちだということがあります。

そこで試してほしいのが、「瞑想」です。なぜなら、**瞑想をすることで、「いま、ここ」の自分にフォーカスすることができるようになる**からです。

瞑想といっても、ほんのわずかな時間、たった30秒程度で構いません。朝起きたときや寝る前、日曜日などに行うのがおすすめです。

1日や1週間のスタートまたはしめくくりに行うことで、その日やその週を前向きな気持ちで過ごせたり、リラックスして終えたりすることができます。

以下の手順で瞑想を行ってみましょう。

1. 目を閉じて脚を肩幅に開き、大地を感じながらしっかりと地面（床）を踏みしめて立つ。
2. おへその下にある「丹田」というツボに両手のひらをあてる。そのツボを温めるイメージで意識を集中させる。
3. 鼻からゆっくりと息を吸う。
4. おなかをへこませながら、口から細くゆっくりと息を吐き切る。

大人の深呼吸の平均時間は8秒ほどですが、それを3〜4回、約30秒間行うだけでOKです。時間がある人はもっとたくさん行ってもいいでしょう。この瞑想をすることで、体・感情・思考が整い、過去や未来に思い悩むことが減ります。

しかも、丹田が温まることで、冷え性や生理痛などの症状が緩和したり、内臓の働きが活発になってエネルギー消費が高まることで、ダイエット効果が期待できたりもします。

4

すきま時間ができたら こまめに手のツボを刺激する

どんな仕事にもストレスはつきものですが、ストレスは自己肯定感向上の大敵。少しでもストレスを減らすため、ちょっとしたすきま時間などに手のツボを刺激し、脳を癒やしましょう。

脳が活性化されてストレスが軽くなり、体も心も元気になる!

体と心は密接に結びついている。体が元気になれば心も元気に!

座った状態で行う仕事が昔より格段に増えましたが、デスクワークが多いと、緊張や運動不足からくるストレスにさらされやすいため、注意が必要です。デスクワークが長時間続くと、脳に血液が集まって血流が悪くなり、頭痛、のぼせ、目の疲労、肩コリなどの症状が出やすくなります。

体と心は密接に結びついていると言われるように、こうした**不快な体の症状は、気分を落ち込ませる要因になります**。ストレスは小さいうちに解消しておくことが大切です。**すきま時間を使い、こまめに手のツボを刺激しましょう**。

脳につながる神経がたくさん集まっていることから、手は「第2の脳」ともいわれます。その手のツボを刺激することで、脳は活性化され、癒やされます。

気がついたときや、トイレに行ったときなどに

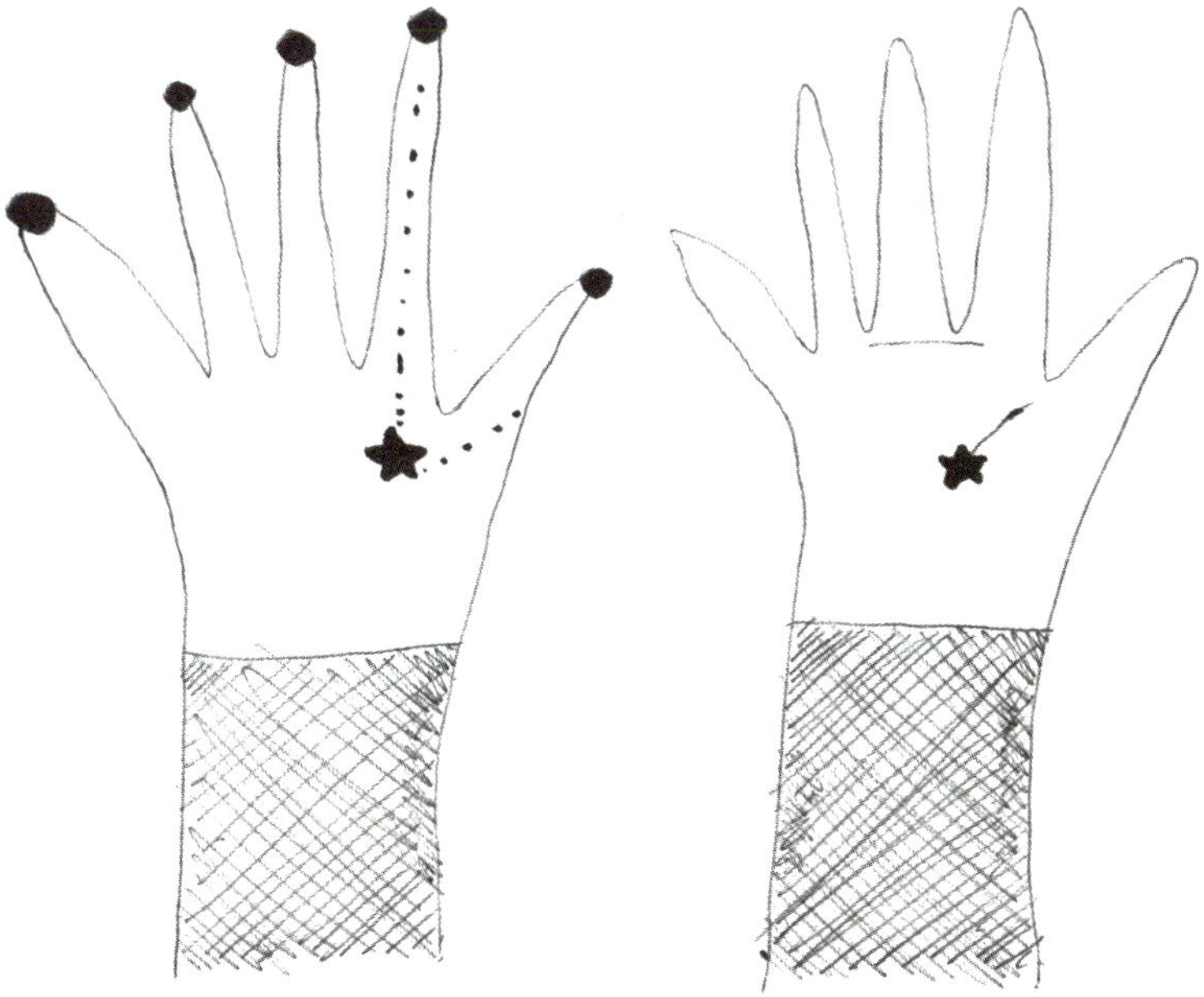

ツボ押しするのを習慣づけるといいでしょう。ストレス軽減や不快な症状の緩和につながります。
ここでは、効果が高く刺激しやすい、ふたつのツボを紹介します。上のイラストも参考にしながら、実践してみてください。

合谷《ごうこく》（左図）

「万能ツボ」「ツボの王様」とも呼ばれ、痛み全般や緊張の緩和に効果的。現代人を悩ませる目、肩、腰の痛みの解消に最適かつ、最強のツボです。そのツボは、手の甲の人差し指と親指の骨が交わる部分のくぼみにあります。反対の手の親指の腹をあて、小指の方向に向けて骨にあたるように押しほぐしましょう。

労宮《ろうきゅう》（右図）

自律神経を整えて緊張を緩める働きがあります。手を握ったとき、手のひらに中指と薬指があたる場所の中間点にあります。反対の手の親指の腹をあてて、もんだりさすったりしましょう。

5

「わたしっていい人！」と思いながら苦手な相手に挨拶をする

相手が苦手な人であっても、自分を「いい人」と思って挨拶すると、自分の表情や態度は自然と明るくなっていきます。ネガティブな気持ちが消え、自分を嫌いにならずに済みます。

「返報性の原理」が働き
人間関係がいい方向に向かう

相手に対する苦手意識が消えて「人から認められている」と思える

職場や学校、地域、家族がらみなど、誰にだって「ちょっと苦手……」と思う人がひとりやふたりはいるものです。でも、大人であれば、そういう人ともつきあっていかなければなりません。

あなたは苦手な人に対して、どのように挨拶していますか？　「もしかしたら、向こうも自分を嫌っているかも……」といった**ネガティブな気持ちを抱いたままだと、「自分は人から認められていない」という思い込みにとらわれてしまいます**。

しかも、「苦手だな」と思っている気持ちは、どうしても表情や態度に表れてしまうものです。その結果、苦手な相手との関係が好転することはなく、「苦手だな」「嫌われているかも」「認められていない」と、負のスパイラルのようなかたちで自己肯定感を下げ続けてしまいかねません。

そこでいまから、挨拶するときは誰が相手であっても「わたしって本当にいい人だよね！」と自分を肯定しながら行うと心に決めてください。

苦手な人を「いい人」と思うのは簡単ではありません。また、苦手でもなんとか取りつくろって笑顔を向けようとすると、表情や態度が不自然になってしまいます。でも、**自分のことを「いい人」と思うのは難しくない**はずです。

「わたしっていい人！」という気持ちでなら、自然と明るくほがらかな調子で挨拶ができるでしょう。しかも、そこには「**返報性の原理**」が働きます。

返報性の原理とは、「他人からほどこしを受けた場合、お返しをしなければならないという感情を抱く」心理現象のこと。この原理により、**あなたから気持ちよく挨拶された相手は、「こちらも気持ちのいい挨拶を返そう」と自然に考えます**。

そうして、自己肯定感を低下させる負のスパイラルに陥らずに済み、人間関係がいい方向に向かうようになるはずです。

6

パーソナルスペースに「快」を感じるアイテムを置く

人間の心理状況は、環境の影響を大きく受けます。デスクまわりや自分の部屋に、大好きなモノや手触りのよいものを置いておくと、安心感がもたらされます。

安心感を生む環境をつくり
自己受容感や自己信頼感を満たす

好きなものを目にすると、「快」の感情が呼び起こされる

不安になったり自信をなくしていたりすると、ちょっとしたことで「どうしよう」「大丈夫かな」と心がざわざわして落ち着かなくなります。そんなとき、強い味方になってくれるのが、自分にとって心地いいアイテムです。

環境心理学において、「人間と環境は相互に関係しながら成り立つもの」であり、**人間の心理状況やパフォーマンスは、環境に大きく左右されます**。そのため、1日のうち多くの時間を過ごす場所を、自分が居心地のいい状態に整えておくことは、意外と大事なのです。

パーソナルスペースに大嫌いなアイテムがあればネガティブで不快な感情になり、それは自己否定感を引き起こします。逆もまた真なり、です。職場のデスクまわりや自宅の自室といったパーソナルスペースには、お気に入りのアイテムを置くようにしましょう。

愛する家族やパートナー、〝推し〟の写真を入れた写真立てでもいいですし、好きなぬいぐるみ、キャラクターのグッズやフィギュア、小さな観葉植物など、なんでも構いません。

見るだけで心が落ち着き、自然と笑顔にさせてくれるモノが、あなたのなかで安心感を生み、不安感を遠ざけてくれます。そして、「自分は自分のままでいい」という自己受容感や、「自分を自分で信じられる」自己信頼感を回復させてくれます。大袈裟に思われたかもしれませんが、毎日のように目にするものであれば、あなどれません。

特におすすめは、クシュクシュとした手触りのいいアイテム。仕事や人間関係に行き詰まっているときや、落ち込んで元気が出ないようなときは、「気持ちいい」「楽しい」と思いながらそれらに触れましょう。見た目だけではなく、手触りからも心地よさを感じられ、自信回復の効果が期待できます。

7

憧れの人になり切って考える「レファレント・パーソン」

重要な決断を迫られて、なかなか決められないときは「憧れの人」になり切ったつもりで考えてみましょう。思いもしなかったヒントが見つかり、自信を持って決断できるようになります。

思考や見方が大きく広がり
悩みや迷いから抜け出すヒントが見つかる

決断に悩んで答えが見つからないと自己決定感が下がってしまう

人生とは、選択と決断の繰り返しです。就職、転職、結婚など、重要な場面ほど思い悩むものです。さんざん迷い、悩んでもなかなか決断できないとなると、自己決定感をはじめとした自己肯定感全体が低下しかねません。

そこで役立つのが、「レファアレント・パーソン」という行動心理学の理論。**わたしたちは誰もが、自分の在り方や生き方、思考法、行動についての価値基準となる、特別な存在（レファアレント・パーソン）の影響を受けて行動している**という考え方です。レファアレント（referent）とは、「参照するもの」という意味。例えば、これまでの人生のなかで重要な判断をしたときに、進むべき道についてアドバイスをしてくれたなど、好影響を与えてくれた人がいれば、その人があなたのレファレント・パーソンとなります。

もし、そういった人がいないなら、親でもいいですし、有名なアスリート、芸能人、実業家、歴史上の人物、フィクション作品のヒーローやヒロインでも構いません。いわば、憧れの人です。

そして、**人生における重要な場面で思い悩んだときには、その憧れの人になりきったつもりで考えてみる**のです。決断に迷っているときは、小さく狭い自分の視点からしかものごとを見ることができていませんが、憧れの人になりきることで、見方が変わってきます。

「恋愛がうまくいかないとき、〇〇さんだったらどう考えるだろう？」

「転職について悩んでいるとき、〇〇さんだったらどのようなアドバイスをしてくれるだろう？」

このようにレファアレント・パーソンの立場から考えれば、思考や見方が大きく広がります。そうして、自分の視点だけで考えていたときには思いもしなかった、悩みや迷いから抜け出すヒントが見つかることもあるのです。

8

小さな不快は「ま、いっか」で処理し自分の心を守る

あらゆる出来事に対し、本能的に評価を下すのが人間のさが。でも、その評価は一時的で主観的なものに過ぎません。小さい不快は「ま、いっか」と受け流し、機嫌を高く保ちましょう。

一時的で主観的な評価を手放し
ものごとをポジティブにとらえられる

まったく同じ出来事に遭遇しても場合によってとらえ方は異なる

なんらかの経験をすると、**わたしたちはとりあえず自分なりの評価を下す性質を持っています。これは、「自己防御機能」のひとつであり、安全を確保しながら生き抜くために備わっている本能のようなもの**です。この性質を心理学的には「**認知的評価**」と呼び、人間が情報を理解し、適切に反応するための重要な機能と考えられています。

もし、新たなものに出くわしたとき、なんの評価もせずただボーッとしていたらどうなるでしょう？　例えば、初めて訪れた場所で、「ここは安全なのか、それとも危険なのか？」という評価ができなかったとしたらマズい状況です。安全な場所なら問題ありませんが、危険な場所であればすぐに立ち去らなければなりません。そのために、自分なりの評価が求められるのです。

しかし、その**評価の多くは、本能によって自動的に下しているものであり、その瞬間の自分が決めた、一時的で主観的な印象でしかありません**。同じものを見ても、同じ出来事が起きても、時と場合によってはまったく評価が異なることもあるのです。例えば、スマホを忘れて出かけてしまい、そんなドジな自分に腹が立つときもあれば、笑えてしまうことだってあるはずです。

そこで、「ま、いっか」という言葉を口癖にしてみましょう。なにかイヤな出来事があっても、**「嫌だな」という評価は、そのときはそう感じたということに過ぎません**。ちょっとした不快なら軽く受け流して、「ポジティブな見方はできないか？」と考えてみる。そうする習慣により、機嫌がいい状態を保てます。出先で雨に降られて「嫌だな」と思っても、「ま、いっか」といってみる。すると、「たまには雨に濡れるのも、ひんやりして気持ちいいかも」「パートナーと手をつないで雨のなかを走るなんて、映画みたい」というように、プラスの方向で考えられるはずです。

9

否定的な言葉を減らし、とにかく肯定的な言葉を使う

言葉は、潜在意識に大きく影響を与えます。否定的な言葉ばかりに触れていると、知らずしらずのうちに自分自身をも否定的に見るようになってしまうもの。ふだんから、なるべく否定的な表現を肯定的に言い換えるクセを身につけましょう。

潜在意識に好影響が及び
ポジティブ思考の自動化が進む

自分では気づかないうちに「言葉」が心の状態を大きく変える

わたしたちの心は、無意識のうちにまわりの人やその言動によって大きく変わっていきます。例えば、楽しい人と話していると、おのずと明るい気持ちになりますよね。反対に、ふだんから愚痴をこぼしがちで他人をけなす人たちとばかりつきあっていると、自分のメンタルもとげとげしくなり、他人の悪いところが目につきやすくなります。

しかも、その視線は自分にも向かうため、「わたしは駄目な人間だ……」と自分自身をもネガティブに見るようになり、自己肯定感の低下を招くのです。そうした耳から入ってくる否定的な言葉は潜在意識に影響し、思考をネガティブなものに変えてしまいます。**言葉は、潜在意識を変える最強のアイテム**なのです。

マイナス思考を自覚している人は、ネガティブな言葉を減らし、できるだけポジティブな言葉を

増やすよう、意識しましょう。下に、否定的な言葉を肯定的な言葉に換える例を挙げてあるので、参考にしてください。

また、**「ねば」「べき」という言葉にも注意が必要です**。これらは一見、否定語とは思えないかもしれませんが、実は否定的な要素がとても強いものです。「あれをやるべきだ」というと、そうできなかったときのことを考えてしまい、不安などのネガティブな感情が生まれます。

でも、こうした言い方の背景には、本来、「こうしたい」といったポジティブな目的があるはずです。それなら、わざわざ**否定的な言葉で自分を追い込むのではなく、「こうしよう!」というポジティブな言い方をするのが得策**です。

つきあう人たちを見直すことも有効です。特に女性の場合、日常的につきあいのあるグループから距離を置くことは簡単ではないかもしれませんが、自分のためにも関係性を考えてみましょう。

否定語を肯定語に変換する例

否定語		肯定語
失敗しないように	→	成功するように
できない	→	やってみよう
疲れた	→	よく頑張った
嫌だ	→	〇〇だと嬉しいな
すみません	→	ありがとう
つまらない	→	面白いかも
面倒くさい	→	ま、いっか
どうせ無理	→	なんとかなる
ついてない	→	ついてる
運が悪い	→	運がいい
負けず嫌い	→	あきらめない
飽きっぽい	→	好奇心がある

10

「わたしは体が柔らかい」そういいながら、前屈する

言葉で潜在意識を書き換える「アファメーション」のテクニックを用いながら前屈すると、その効果を実感できます。心身両面でのポジティブなスイッチがオンになる、一挙両得の習慣です。

「アファメーション」の効果を実感しつつ気分をリフレッシュできる

ポジティブな「セルフトーク」で困難を乗り越える力を養う

言葉の力は、身体的な行動を伴うと、より実感しやすいかもしれません。「アファメーション」のテクニックを応用したエクササイズをご紹介しましょう。「わたしは体が柔らかい」といいながら、前屈をしてみてください。

このエクササイズは、わたしが行っている自己肯定感を高める講座のブレイクタイムによくやっているのですが、参加者のほぼ全員が、ふだんよりも深く体を曲げることができます。面白いのは、逆もまた然りということ。「わたしは体が固い」といいながらやってみると、いつもより深く前屈ができなくなるのです。

不思議に思う人もいるかもしれませんが、ポジティブな言葉を自分に投げかければ潜在意識もポジティブに、ネガティブな言葉を投げかければ潜在意識もネガティブに書き換えられます。

自己肯定感を高めるためには、前項や37ページでも解説したように、ポジティブな言葉をたくさん自分に投げかけることが有効です。

また、**このエクササイズは、ストレッチによって血行がよくなり、気分をリフレッシュさせるという効果も期待できます。**

アファメーションと関連することでいえば、心理学でひとりごとを意味する「セルフトーク」も挙げられます。**日常的にポジティブなセルフトークをしている人ほど、困難な出来事にぶつかったときにも自力で乗り越えていける**ことがわかっています。自分との対話を通じて、取り組むべき行動を選んでいくことができるからです。

セルフトークのポイントは、「できるかな?」「こうすればできるかも!」というようなポジティブな「自問自答」です。そうして困難を克服するような成功体験を積んでいけば、その達成感から大きな自信を手にできるでしょう。

11

平日であっても
あえて「寄り道」をする

同じことを繰り返す毎日は安定感こそありますが、実は心を弱らせる要因にもなり得ます。寄り道や、ごほうびの時間など、ふだんと違う過ごし方を意図的に日常に取り入れましょう。

日常のマンネリ化を打破して
心に刺激と元気を与える

同じことを繰り返す毎日が気づかぬうちに心を弱らせる

人の心には、つねに新しい刺激を求めたがるという性質があるため、変化のない生活をずっと続けていると、「今日もまたいつもと同じことの繰り返しか」「わたしの人生はつまらない」と、日常がマンネリ化するばかりか、自己評価を下げてしまうことにもつながっていきます。

特に社会人の場合、仕事をする平日は、いつも同じ通勤ルートで会社に通い、同じ風景を眺め、同じ人間関係のなかで過ごすことが多いと思います。それこそ、業種や職種によっては、仕事の内容も関わる人も、ほとんど変わらないという人だっているでしょう。

同じことを繰り返す毎日には、予想外のことが起きるような不安がないといえるかもしれません。でもそれは、心にとっていいことではないのです。

実際、ルーティンワークが多い職種に就いている人は幸福度が低くなりがちだという研究結果もあります。幸福度が低い状態で、自分自身や自分の人生を肯定的にとらえられるはずもありません。

そのような事態を避けるためにも、意図的に心に刺激を与えることを考え、実行しましょう。1日のなかに**楽しい（健全な）ごほうびの時間を設けることは、心に元気を与えて自己肯定感を高い状態に保つために有効**です。

わたしがおすすめするのは、「寄り道」です。社会人の場合、仕事を終えたら迷うことなく真っすぐ帰宅する、という人も多いのではないでしょうか。そこで、あえて寄り道をするのです。ネットショッピングではなく、デパートで買い物をしてみる。ジムに寄って汗を流す。高級スーパーを覗いてみる――。特に、**前から気になっていたのに手を出さなかったようなことにチャレンジしてみると、より大きな刺激を得られて効果的**です。

もちろん、毎日でなくていいですし、ひと駅歩くなどお金をかけずにできることでも構いません。

12

イライラしたら「つま先で床をトントン」する

同じ姿勢を長く続けていると、心身が緊張します。こまめに体を動かせない状況では、「つま先で足をトントンする」だけでも十分。血流が改善され、気分が上がっていきます。

**全身の血流が改善され
エネルギーが復活し、気分上々に!**

同じ姿勢を続けていると自己肯定感が下がってしまう

「エコノミー症候群」や「スマホ首」という症状があることからもわかるように、同じ姿勢を続けることは体によくありません。

40ページでも述べましたが、特にデスクワークの人は要注意。こまめに姿勢を変えて、体を動かすように心掛けましょう。

でも、会議中や乗り物のなかなど、席を立って背伸びをしたり歩きまわったりすることが難しいシチュエーションもありますよね。同じ姿勢でじっとしている状態が長く続くと、イライラしてしまうこともあるでしょう。そういった状況にあるときは、**椅子に座ったままで「つま先で床をトントンする」ことでも十分です。それだけで血流がよくなります。**

ふくらはぎは、「第2の心臓」とも呼ばれます。下半身に下がった血液を心臓に向かって送り戻すポンプの役割を担っているからです。

そのため、**座りっぱなしのときにつま先で床をトントンすると、ふくらはぎの筋肉が伸縮を繰り返し、全身の血流が改善します**。すると、酸素や栄養素が体全体に行きわたって、心身がエネルギーで満たされ、元気が復活するというわけです。

また、血流改善は、別の側面からも自信回復につながるものです。**血流がよくなると、「コルチゾール」というストレスホルモンの分泌レベルが低下します**。簡単にいうと、溜まっていたストレスホルモンが洗い流されます。

加えて、脳に十分な酸素や栄養素が供給されることで、快楽をもたらしてくれる「ドーパミン」、〝幸せホルモン〟と呼ばれる「セロトニン」など神経伝達物質の分泌が促進されます。こうして気分上々、自信満々の状態になれるのです。

イライラしたら、つま先で床をトントン。ぜひ、日常的に実践してみてください。

13

「今日の『よかった！』」を3つ紙に書き出す

最悪と思えるような日にも、ポジティブな出来事は起きています。その日のよかったことを3つ紙に書き出す習慣により、日常のなかの小さな幸せや、自分自身のいい面に目が向かうようになっていきます。「明日の希望」も書き出せば、なお効果的です。

見過ごしていた日々の些細な幸せと自分のいい面に着目できるようになる

〝ポジティブ脳〟を育むワーク「スリー・グッド・シングス」

ポジティブさをキープするのが苦手な人の傾向として、あらゆることのよくない面ばかりに目が向かうということが挙げられます。うまくいったところがあったとしても、逆にうまくいかなかったところにばかりフォーカスしてしまい、ますます自信を失ってしまうのです。

でも、**どんなによくなかったと思える1日にだって、自分が気づいていないだけで、実際はよかった出来事も起こっているもの**です。

そこで役立つのが、毎日の終わりにその日に起きたポジティブな出来事を3つ紙に書き出すこと。「スリー・グッド・シングス」という、**自信を回復するワーク**です。

書き出す内容は、例えば「いつもより早起きできた」「苦手な上司と雑談をしたら、距離が縮まった気がした」「ふと夜空を見上げたら綺麗な満月だった」など、本当に些細なことで十分です。

むしろ、些細なことのほうがいいとも考えられます。**何気ない日々のなかの小さな幸せを見つけられる視線が育まれ、自分のなかのポジティブな要素にも気づけるようになり、気分が前向きになっていく**はずです。

1日に起きた3つのいいことを紙に書き出すことに慣れてきたら、「明日の商談はきっとうまくいく」「デパートで素敵なアクセサリーを見つけられる」など、妄想でいいので「明日の希望」も書いてみましょう。すると、その希望が翌日に対する期待感を高め、あなたの脳は、自然と「グッド・シングス」を探すようになっていきます。

「自分にはいいことがない、楽しみがない」と思っていた人も、「自分にはきっといいことが起きる」「それを楽しみにしている」と思えるようになりますし、**自分でその希望に近づけようとする心理が働き、実際にいいことが起きる可能性も高まる**でしょう。

スリー・グッド・シングス

今日起きたいいことを3つ、紙に書き出してみましょう。

①

②

③

慣れてきたら、「明日の希望」も書いてみましょう。

14

明日、着ていく服を寝る前に決めておく

服装を考えるのは、思いのほか心に負担をかける行為です。特に、元気がないときは「服を選べないわたしは駄目だ」と、さらに追いうちをかけてしまいかねません。前日のうちに翌日のコーディネートを考えておけば、そういった事態を避けられます。

「着る服すら選べない……」と自分を否定してしまうことを避けられる

どの服を着ていいかわからないのは自己効力感が下がっているサイン

外出前に身支度をしていて、「どの服を着ていいかわからない」と迷ってしまうことはありませんか？　そんなときは要注意。それは、自己効力感が低下しているサインです。

心がポジティブな状態でいるときは、服の組み合わせを考えること自体も楽しく感じられ、「これにしよう！」とコーディネートもスムーズに進みます。一方、**自信が揺らいでいると、どの服を着ればいいのかわからなくなり、「服を選ぶこともできないなんて……」と、自己効力感をますます下げてしまう**可能性もあるのです。

そんなときは、「いま、わたしには自信がないんだ」「だけど、そういうこともあるよね」と、まずは自信を失っている自分を許してあげてください。どんな人だっていつも自信満々というわけにはいかなくて当然です。

そこでおすすめなのが、前日の時点で「明日、着る服を決めておく」という対策を習慣化すること。有名なエピソードですが、スティーブ・ジョブズは公の場に出るときにはいつも同じ服装でしたよね。黒のタートルネック、リーバイスの501、グレーのニューバランスのスニーカーです。**毎日の服を選ぶという行為は、意外にも心の負荷になります**。つまりジョブズは、その負荷をなくして仕事に集中するために、事前に着る服を決めておくようにしたのだと思います。

ジョブズのようにいつも同じ服装でなくても、考え方は参考にできます。できれば、**1週間分のコーディネートを考えておくことがおすすめですが、翌日に着る服を寝る前に決めておくことでも十分です**。あるいは、時間があるときに、絵や写真でコーディネートカードをつくっておくのも楽しいでしょう。忙しい朝、悩みながらコーディネートを考える時間を節約できますし、自分を否定してしまうことを避けられるはずです。

15

「寝る直前」は心地いい過ごし方をする

脳には1日の最後を強く記憶するという特性があります。寝る直前に「いい1日だった」と思えるような、自分にとって心地いい過ごし方を心がけることで、そのプラスのイメージが脳のなかで何度も再生されます。

寝る直前に楽しく過ごしたイメージが脳に強く記憶されて心が回復する

「いい1日だった」と思える人ほど良質な睡眠を得られる

1日の締めくくり、寝る前はどのように過ごしていますか？　わたしの場合、ベッドに寝転んでYouTubeを見る習慣があります。そこで楽しんでいるコンテンツは、主にお笑い、動物、それから飯テロ系の動画です。

そう聞くと、「眠れなくなるのでは？」と思う人もいるでしょう。確かに、スマホやテレビなどが発するブルーライトと呼ばれる光は、目の奥まで届くとてもエネルギーが強い光で、睡眠にとって障害になり得るという説があります。

でも、わたしは、**寝る前に笑顔になることを優先**しています。そうすることで、「ああ、今日も面白かった！」「いい1日だった」と、いい気分のままぐっすりと眠ることができるからです。そうするようになった背景には、**「楽観主義者は悲観主義者に比べて睡眠に満足している割合が31％多い」**という研究報告があります。アメリカのイリノイ大学のロザリバ・エルナンデス教授らが、3万5000人を対象に行った心理テストの結果です。楽観主義者には、わたしのように楽しくその日を締めくくっている人が多いのではないでしょうか。そして、そのような人が、結果的にいい睡眠を手にしているのです。

寝ている間に脳のメンテナンスが行われるという話があるように、睡眠は、脳の疲れを取るために大事な時間です。脳は心と言い換えてもいいでしょう。**いい睡眠をとることは、心（自信）を回復させることにつながります。**

YouTubeに限らず自分が笑顔になれることであれば手段は問いません。いずれにせよ、寝る前は自分にとって心地いい過ごし方をして、脳がリラックスできるように心がけましょう。**脳は1日の最後を強く記憶するため、寝る直前に過ごしたイメージは脳内で繰り返し再生されます。**楽しい気持ちで眠りにつくことはとても大切です。

メンタルのためにも「冷え」対策は大事

季節を問わず冷え性に悩む女性は多いですが、冷え性は心の健康にも影響を及ぼします。体が冷えると血流が滞り、酸素や栄養が脳や体の各所に十分に行き渡らなくなります。その結果、集中力の低下や倦怠感を招いてしまうのです。

さらに、**冷えは自律神経にも悪影響を及ぼし、気分の落ち込みやストレス増加の原因**になることもあります。

そんな冷えを改善するために、日常生活に取り入れたいのが「温活」です。**朝起きたら、白湯を飲む習慣**からはじめてみましょう。白湯は内臓をじんわりと温めて代謝を促進し、体のスイッチを入れる効果があります。また、**ショウガやシナモンを加えたホットドリンク**もおすすめ。体を内側から温めてくれるだけでなく、香りによるリラックス効果も期待できます。

そして、冷えの改善に欠かせないのが入浴です。**38〜40度のぬるめのお湯に10分以上浸かる**と、血流を促進しつつ副交感神経が優位になってリラックスできます。短時間で体を温めたい人は全身浴、体への負担が気になる人は半身浴がいいでしょう。

温活のもうひとつのポイントは、温かい食事を意識的にとることです。根菜類をたっぷり使ったスープや鍋料理は体を芯から温める効果があります。特に**レンコンやゴボウ、カボチャなどの食材**は、栄養価も高く冷え改善にぴったりです。冬はもちろん、冷房や冷たい飲み物などで体を冷やす機会の多い夏にも、温かい食事を積極的に取り入れるようにしましょう。

Part 3

落ち込んだときに
効く
「復活スイッチ」

16

不安で落ち着かないときは自分をギューッと抱きしめる

「緊張してソワソワする」「プレッシャーを感じる……」。そんなときは、自分で自分をギューッと抱きしめてみましょう。すると、幸福感にかかわる神経伝達物質が分泌され、自信を持てない自分も受け入れられるようになります。

幸福感をもたらすホルモンが分泌され自分にも他人にも優しくなれる

たった8秒の「セルフハグ」習慣で対人関係改善も期待できる

初めての場に出かけるときや目上の人と会うとき、重大な任務を任されたときなどは、誰しも緊張や不安を抱えているものです。「失礼があったらどうしよう……」などと、自信を持てない自分を受け入れることが難しい場面だからです。そんなときは、自分で自分を抱きしめる「セルフハグ」を行いましょう。やり方は簡単。**右手で左肩を、左手で右肩をギューッと抱きしめる**だけです。

精神科医で中毒学を専門とするミシェル・ルジョワユーは、「**幸福感をもたらすホルモンは、他のホルモンと違い、わたしたちの手の届く範囲にある。日々の行動や健康管理によって、幸福感にかかわる3大神経伝達物質の分泌を促すことができる**」と語っています。

3大神経伝達物質とは、心の安らぎをもたらす「セロトニン」、一種の脳内モルヒネである「エンドルフィン」、愛情や安心感に大きく関係する「オキシトシン」の3つです。それらの分泌を、セルフハグにより促進できるというわけです。

つまり、セルフハグをすれば不安が吹き飛び、「わたしは大丈夫！」と、自信を持てないような状況でも自分を受け入れられるようになるのです。**ハグの時間は8秒もあれば十分**。8秒というのは、わたしたち大人の深呼吸にかかる平均的な時間です。**ゆっくりと息を吸い、息を吐きながら自分を抱きしめてあげてください**。8秒ほどあればいつでもどこでも実践できます。

不安の種類はいろいろありますが、セルフハグは、**急に不安になったときの応急処置としても、日々感じる漠然とした不安を軽減する習慣としても効果的**です。緊張する会議などの前に行っておくのもいいでしょう。

どんな自分も受け入れる余裕ができれば、他人に対しても優しくなれて、対人関係の改善も期待できます。

17

ネガティブな感情を「インク」に、自分を「大海原」に置き換える

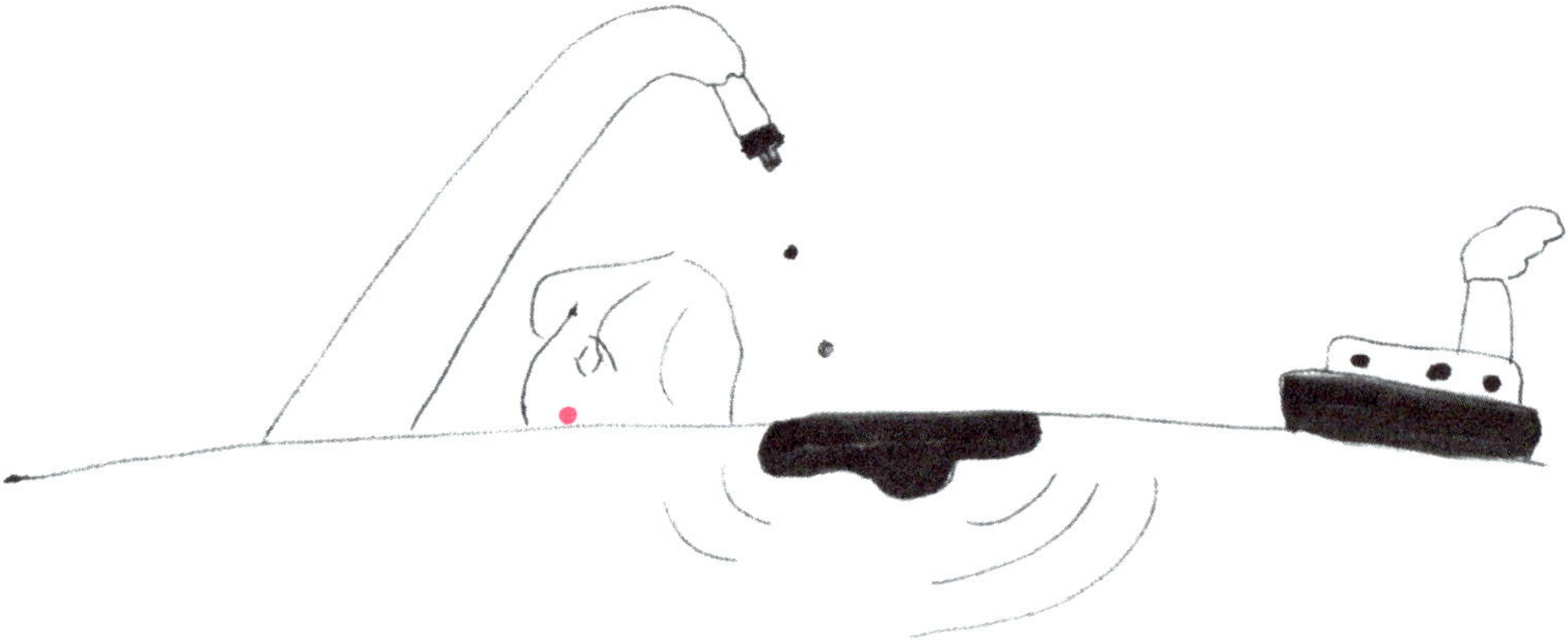

大海原にどれだけインクを垂らしても水の色は変わりません。自分が大海原でネガティブな感情がインクだと思うと、その感情など大したことがないと思えてきます。このように見方を変えるテクニックを「ポジション・チェンジ」といいます。

避けることのできない負の感情も「大したことない」と思える

身近なものに自分や他人を置き換え客観視して問題の解決法を探る

自己肯定感を高めようとしているあいだも、上司に叱られたりパートナーと喧嘩したりと、自己肯定感向上の障壁であるネガティブな感情を生み出す要因は次々と出てくるでしょう。

そのように**ネガティブな感情が湧いてきたときには、「自分は大海原だ」とイメージしてみましょう**。ネガティブな感情を赤いインクだとして、それを水面に垂らします。コップに入った水であれば、ほんの数滴でも真っ赤に染められてしまい、ネガティブな感情に支配されてしまうでしょう。

でも、大海原だったら、どんなにインクを垂らしたところで、水の色は決して変わることなく、青いままです。そう考えると、自分が感じているネガティブな感情など大したものではないと思えてくるはずです。

このように、ものごとの見方を変えるテクニックを「**ポジション・チェンジ**」といいます。

このポジション・チェンジには、ほかにも応用法があります。些細なことが原因で誰かと喧嘩をしてしまったとき、喧嘩の内容を、自分自身のポジションから主観的に見ているだけでは、いつまで経っても怒りや悲しさ、悔しさといった感情が収まることはありません。

そこで、ベッドの上にある**ぬいぐるみなど、まわりにあるものを相手と自分に置き換えてみる**のです。クマのぬいぐるみが相手、ウサギが自分だと見立てると、相手と自分はそれぞれどう考えてなぜ喧嘩になったのかなど、ネガティブな感情から距離を置いた状態で客観視することができます。**冷静に原因を分析することができれば、解決の糸口も見えてくる**ことでしょう。

外的な要因によってネガティブな感情が生まれるのを避けることは、簡単ではありません。だから、出てしまったネガティブな感情への対処法を知っておくことが大切なのです。

18

バスタイムにこだわり「パーミング」（目のヨガ）を行う

心身の緊張をほぐすために効果が高く、簡単にできるのが、お風呂に入ること。バスタイムには、ついでに目のケアも行いましょう。目の疲労が解消されると……あら不思議！　ポジティブにものごとをとらえられるようになります。

目の疲労が解消され
心も体もリラックスできる

自己肯定感の低下が招く緊張をその日のうちにお風呂で緩ませる

自己肯定感が低下すると、心も体もリラックスできず緊張状態が続きます。そこで緊張を緩ませることを考えましょう。

特に有効なタイミングは、バスタイム。お湯に浸かることの効果は広く知られていますが、**浴室は完全なプライベート空間ということもあって、お風呂に入る行為自体にリラックス効果があります**。38〜40℃くらいのぬるめのお湯にゆっくりと浸かると、自律神経が整ってぐっすり眠ることができ、翌朝にはすがすがしい気持ちで目覚めることができます。

ほかにも、電灯を消してキャンドルを灯す、バスソルトを使ってマッサージをするなど、バスタイムのリラックス効果をより高める方法があります。お風呂から上がったあとにも心地よさを持続できるよう、ふわふわのバスタオルを用意しておくのもいいですね。

わたしが特におすすめしたいのは、入浴ついでに目を休めることです。人間は五感から情報を得ていますが、その8割以上が視覚によるものだといわれています。そのため、**目が疲れていると情報の認知が歪み、ものごとをネガティブにとらえやすくなってしまう**のです。目の疲れを解消することで、ポジティブにとらえられるようになります。

具体的には、目を休めるヨガである「パーミング」を行ってみましょう。

両手をこすり合わせて手のひらを温めたら、まぶたにあたらないようにくぼみをつくって両目を覆います。手でつくったドームで目を隠すようなかたちというとイメージしやすいでしょうか。

そして、**光が入らないように指のあいだをしっかり閉じ、まぶたを開けて手のひらのなかの暗闇を1〜2分間見つめましょう**。

手のぬくもりによって視神経がほぐされ、目の疲労を解消することができます。

19

「課題の分離」シートで自分が悩むべき問題なのか考える

あなたの悩みは本当にあなたが悩むべきものでしょうか？
もしかしたら、いくら自分が考えても意味がないものかもしれません。それをはっきりさせるのが、「課題の分離」という心理テクニック。考えても仕方ないことは手放してしまいましょう。

「考えても仕方ないこと」がわかり
ネガティブな思い込みを手放せる

やるべきことを明確にするアドラー心理学のテクニック

自己信頼感が下がってしまうと、自分を信じることができず、ネガティブな思い込みにより不安は増す一方です。

このような状態から脱するためには、「課題の分離」というメソッドが有効です。**自分でも気づいていないネガティブな思い込みを「ネガティブな思い込みだ」と自覚し、手放していきます。**これは、問題の原因がどこにあるのかを仕分けていく、アドラー心理学のテクニックです。

左ページの「課題の分離」シートに従って、まずは「いま抱えている課題、悩み」を紙に書き出してください。仮に、「上司の機嫌が悪くて仕事がしづらい」と書き込んだとします。続いて、その課題や悩みは、自分側の課題なのか、それとも上司側の課題なのかを下の欄に書き込みます。

つまり、**課題の分離とは、「最終的にどっちの**

責任なのか？」と、責任の所在を明らかにするメソッドなのです。それさえわかれば、やることもはっきりしてきます。

この例なら、「上司がイライラしている」ことについては自分でどうこうできるものではありません。自分側の課題でないものは考えても仕方ないので、そこに引っ張られにくくなります。

もちろん、自分側の課題であればなんらかの解決法を探っていく必要がありますが、**自分で考えるべきものとそうでないものがはっきりするだけでも、心の負担を大きく減らすことができます。**自分の課題でないものを見きわめることで、余計なタスクや荷物を減らせるということです。

アドラー心理学を創始したアルフレッド・アドラーは、「人間は、自分の人生を描く画家である。あなたをつくったのはあなた。これからの人生を決めるのもあなた」という言葉を遺しています。ネガティブな思い込みを手放し、生き生きとした人生を自ら描いていきましょう。

「課題の分離」シート

あなたがいま直面している課題や悩みを紙に書き出してください。

①

②

③

④

⑤ 例：上司の機嫌が悪くて仕事がしづらい。

その課題や悩みの責任は自分にあるのか、相手にあるのかを書き出してみましょう。

①	②	③	④	⑤
				上司

20

弱っているときは「スージング・タッチ」で自分を慈しむ

他人には優しくできるのに、自分自身には必要以上に厳しい人は意外なほど多いもの。心が弱っているときは、自分をいたわることも大切です。胸や腕、おなかなどを優しくマッサージして、つらい状況でも頑張っている自分を癒やしてあげましょう。

胸やおなかに手を当てると
ぬくもりや安心感を得られる

近年、アメリカで研究が進んでいる「セルフ・コンパッション」の手法

つらい状況に陥ったとき、あなたは自分で自分にモラハラ（モラルハラスメント）をしていませんか？　モラハラとは、相手の人格や意思を否定するなど、倫理や道徳に反した嫌がらせのことです。他人に対してモラハラをすることは当然、大問題ですが、**自分で自分にモラハラをしていることに気づいていない人も意外なほどたくさんいます。**

ただでさえつらい状況にいるもかかわらず、「もっと頑張れるんじゃない？」「ここで逃げちゃいけない」など、さらに自分を追い込み続けると、心のバランスが崩れてしまいます。もちろん、そうした強い思いが自分の成長につながることもあるわけですが、心が弱っているときには自分をいたわることも必要です。

具体的には、「スージング・タッチ」を行ってみてください。これは近年、アメリカを中心に研究が進んできた、自分を思いやり、慈しむ概念「セルフ・コンパッション」のメソッドです。

「自分を思いやる、慈しむ」というと、「自分を甘やかすことになるのでは？」と思う人もいるかもしれません。でも、愛するパートナーが落ち込んでいたら、寄り添うような言葉をかけたり、優しく肩を抱いたりしますよね？　つまり、それと同じことを自分にするということなのです。

スージング・タッチは、**胸や腕、おなか、頬など、安心感を得られる場所に手のひら全体を当て、少し圧をかけながら押したりさすったりする**セルフ・マッサージです。**手から体へ優しさが流れ込むようなイメージを持って行い、自分の手から伝わるぬくもりや感触をゆったり感じましょう。**一定のリズムで行うと、より大きな安心感を得られます。また、数分間行うだけでも効果があります。

あなたの努力や苦しみをいちばんわかっているのは、他ならぬあなた自身。つらいなかでも頑張っている自分を優しくいたわってあげてください。

21

週に1回、なにも気にせず好きなものを食べる

自己受容感が下がる要因のひとつに、「幸せホルモンの不足」があります。その解消法は、大好きなものをゆっくりと味わいながら食べること。健康的な食事も大事ですが、週に1回くらいは好きなものを食べるチートデイを設けてもいいでしょう。

**「幸せホルモン」が分泌され
自己受容感が回復する**

ふだんは健康的な食事を心掛けつつ好きなものを食べる日を設定する

自己肯定感のうち、特に自己受容感が低下しているとき、「わたしは周囲から認められていないのではないか」「誰かの迷惑になっているのではないか」といった思い込みにとらわれやすくなります。そのような心理状態を引き起こす要因は、緊張やストレスです。脳科学的な見地からいうと、ストレス緩和の役割がある神経伝達物質「セロトニン」（幸せホルモン）の不足によって、ストレスが蓄積されます。その結果、緊張状態が生じやすくなり、自己受容感がどんどん低下します。

セロトニンをつくるために手っ取り早い方法が、好きなものを食べること。食べるという行為は、まず単純に満腹中枢を満たしてくれます。そして、いわゆる「口寂しさ」を解消したいという口唇欲求も満たします。また、噛むという行為には、緊張状態を弛緩《しかん》状態に変えていく効果もあります。**大好きなものをゆっくりと噛んで味わいながら食べるだけで、セロトニンがたくさん分泌されて感情を「快」に変え、自己受容感を回復できる**というわけです。

体をつくるのも、思考や感情を司っている脳の働きを支えるのも、自分が口にする食べ物ですから、ふだんは健康的な食事を心掛けたいものです。ただ、食事にこだわること自体がストレスになってしまうこともあります。そこで、例えば週に1回は「なにも気にせず好きなものを食べる」というチートデイを設けるのはいかがでしょうか。

ダイエットを意識している人も多いと思いますが、**体重を気にしすぎてストレスがたまると、逆に暴飲暴食を誘発しかねません**。であれば、「週に1回は好きなものを食べてOK！」と決めておく方が、心身の健康のためにも得策です。

ちなみに、わたしもふだんは体を気遣った食事を十分に意識していますが、たまにファストフードのフライドポテトを食べていますよ。

22

好きなアロマオイルや香水を常備する

オンオフ問わず大事な場面では、事前に好きなものに触れることで、ありのままの自分で臨むことができます。特に「好きな香り」を常備するのがおすすめです。香り自体にリラックス効果があり、ラッキーアイテムにもなり得ます。

**自律神経が整ってリラックスできるうえ
ラッキーアイテムにもなる**

好きなものに触れることでありのままの自分でいられる

仕事なら大事な商談やプレゼン、プライベートなら気になる相手とのデートなど、「ここぞ」の場面では、自信を持って臨みたいものです。そんなときは、事前に自分が好きなものに触れましょう。

自分が好きなものなら種類は選びませんが、不安感を抑えたり、自己受容感を高めたりするには、お気に入りのアロマオイルや香水の香りを嗅ぐのが効果的です。香り自体にリラックス効果があり、心が落ち着いて自律神経が整うからです。**自律神経が整うことで、ストレス軽減、集中力やモチベーションの向上といった、様々なメリットがもたらされます**。

アロマは香りの種類によって、強く得られる効果が異なりますが、わたしがよく使うのはオレンジとペパーミントの香りです。リラックスしたいときには前者、ストレスや体調不良を感じたときには後者のアロマオイルを、スプレーで部屋にまくようにしています。**オレンジの香りには心身のエネルギーを循環させる効果が、ペパーミントの香りは呼吸を楽にする効果や殺菌効果があります**。

また、脳神経科学の研究では、香りは思い出と結びつきやすく、その香りを嗅ぐことで意図せず記憶が呼び起こされる現象があることがわかっています。つまり、**なにかうまくいったときにつけていた香水は、ラッキーアイテムになる**のです。

「この香水をつけているとなんでもうまくいく！」と自己暗示をかけるようなかたちで、思考をポジティブにできるアイテムととらえ、〝お守り〟のように常備するのもいいでしょう。

アロマオイルや香水が苦手な人は、他のアイテムで代替可能です。例えば、動物が好きなら動画共有サイトなどで癒やされる動物の動画を観てもいいですし、旅行好きならガイドブックや旅ブログ、風景写真などを眺めるといったことでも、香りと同様の効果を期待できます。

23

紙に書き出して「嫌なことリリース」する

イヤな出来事が続くと、自己肯定感にとって大敵である怒りやイライラが溜まります。そういった気持ちは、紙に書き出してゴミ箱に捨ててしまいましょう。ネガティブな感情を自分と切り離して客観的にとらえられ、気分がすっきりします。

自己評価を下げてしまう感情を自分と切り離してすっきりする

怒りやイライラなどを自分の外に出す「外在化」

職場で面倒なことがあったと思ったら、帰りの電車では誰かに足を踏まれ、おまけに帰宅したら家族と喧嘩……。「泣きっ面に蜂」「踏んだり蹴ったり」などの言葉もあるように、悪いことが起きるときには悪いことが続くというのはよくある話です。

怒りやイライラといった感情は、自己肯定感を育むうえで大敵です。それらの感情が頻繁に生じると、「自分で自分をコントロールできていない」と感じ、自信をなくしてしまうからです。あるいは、怒りやイライラが人間関係に悪影響を与え、自己肯定感が低下することも考えられます。

だからといって、怒りやイライラをぐっと我慢すればいいというわけではありません。ネガティブな感情を抑え込むことでフラストレーションが溜まって精神的な疲労が増し、それがまた自己肯定感を揺るがすことになります。

そこで、他人にぶつけるのではないかたちで、怒りやイライラを発散してしまいましょう。わたしがおすすめするのは、「嫌なことリリース」という方法です。やり方は簡単で、「○○のバカ!」など、思っていることをそのまま紙に書き出すのです。相手に直接いうわけではありませんから、遠慮はまったく不要です。包み隠さず本当の気持ちを紙にぶつけてやりましょう!

これを、心理学的には「**外在化**」といいます。**怒りやイライラ、不安、悩みなどを紙に書き出すという行為を通じて自分と切り離し、客観視できるようになる**のです。書くことで気持ちが落ち着き、自分の中にあった怒りや不安がとき放たれて、ネガティブな感情が内側に溜まるのを防げます。

書き終わったら、その紙をくしゃくしゃと丸めてゴミ箱にポイと捨てればなお効果的。怒りやイライラを外に出して物理的に捨て去ることで、気分がさらにすっきりするはずです。

24

「エモーショナル・スケーリング」でネガティブな感情を採点する

対処できそうもないと思えるほどの強い悲しみも、「人生でいちばん悲しかったとき」の気持ちと比べれば、たいていは「大したことない」と感じられます。そう思えないときは、ネガティブな感情の原因となっていることから意図的に距離を取りましょう。

最大級の負の感情と比較することで「大したことない」と思える

感情という、数字で表せないものをあえて数値化して客観視する

ときにわたしたち人間は、強い悲しみや怒りなど、「対処のしようがないのではないか」と思えるほどのネガティブ感情を抱くことがあります。そんなときに役立つのが、「エモーショナル・スケーリング」というメソッドです。

これは、抱えてしまったネガティブな感情をものさしで測ることで、本来は数値で表せない感情というものをあえて数値化して可視化し、感情をコントロールするメソッドです。

強い悲しみを感じたとき、まずは「これまでの人生で経験したもっとも悲しかった出来事」を思い出してみましょう。そのときの気持ちが、10点満点の10点であり、あなたにとっての最大級の悲しさです。これが、ものさしの長さとなります。

続いて、その**最大級の悲しさと比較しながら、「いま自分が感じている悲しさは、10点満点中の**

何点?」と考えて採点してみましょう。最初に思い出したのは、人生のなかで最も悲しかったことですから、多くの場合「それと比べたら、大したことない」と思えるでしょう。そのようにして、ネガティブな感情を小さくすることができます。

ただ、**いまの悲しみが8点や9点だった場合は、1点でも下げるような対処が必要**です。例えば、ネガティブな感情の原因となっていることから1時間だけ離れるというのもひとつの手です。

仕事にかかわることなら、思い切ってオフィスを出て時間を潰してみましょう。あるいは、対人関係が原因であれば、その人から物理的な距離を取って離れるのです。そして、近くに緑が多い公園などがあれば、散歩をしてください。そうすることで、心の安らぎをもたらす神経伝達物質(セロトニン)が分泌されます。

心が落ち着いた段階で再びエモーショナル・スケーリングを行えば、1点といわず4~5点ほどは点数が下がっているはずです。

エモーショナル・スケーリング

「ネガティブな感情」を書き込んで数値化してください

は10点中何点?

0 1 2 3 4 5 6 7 8 9 10

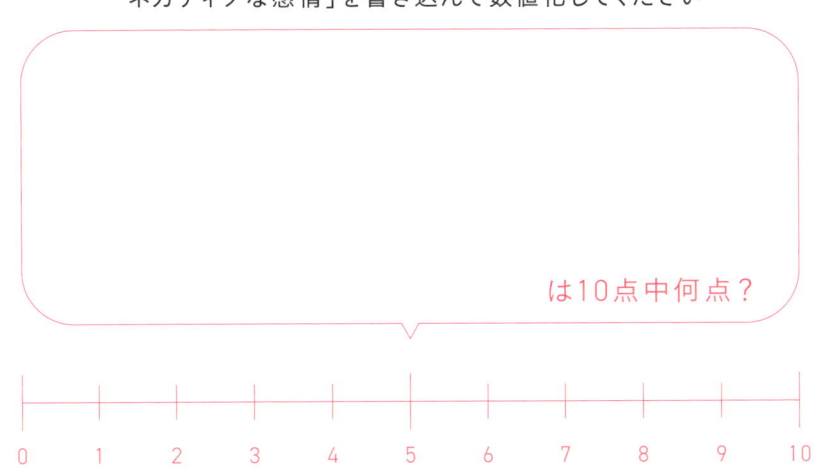

25

自信を失いそうなときは「自分は○○が苦手だと知っている」という

自己受容感が低下すると、自分の苦手なことに注意が向かい、「だから駄目なんだ」と考えがちです。でも、「自分は○○が苦手だと知っている」と口にすることで、苦手なことの対処法を考えられるようになり、自分を自分のままで認められるようにもなります。

完璧な人などいないことを思い出し
あるがままの自分を受け入れよう

「これが苦手な自分も自分」と思え自己受容感が高まっていく

あなたには、苦手なことがありますか？　ちなみにこれまで会ったわたしのクライアントの場合、運動が苦手、料理が苦手、人と会うのが苦手といった人たちがいました。そんなふうにわたしたちは、周囲の人にはわからなくとも、誰もが苦手なことを抱えています。でも、ふだんはほとんどの人が苦手なことを意識することなく、生き生きと元気に過ごしています。

注意が必要なのは、自己受容感が低下したとき。「こんなこともできない」と、いつもは気にならなかった自分の弱点に目がいきやすくなります。ところが**不思議なことに、「自分は○○が苦手だと知っている」と声に出していってみると、苦手なことに直面しても気落ちせずにいられます。**

これは、**「ＮＬＰ」で使われる心理テクニック**のひとつです。ＮＬＰとは、「Neuro Linguistic Programming（神経言語プログラミング）」の略称で、**「脳と心の取扱説明書」**とも呼ばれる最新の心理学です。

「自分は○○が苦手だと知っている」と口にすると、苦手なことそのものは変わらなくとも、苦手なことに対する見方が変わります。

例えば、人とのコミュニケーションが苦手というケースなら、「自分は人とのコミュニケーションが苦手だと知っている」→「だったら、相手にとって心地いい聞き役になれる方法を考えてみよう」「話しやすい人がいたら、その理由を分析してみよう」というように、**苦手なことに対する対処法を見つけようという思考を持てる**のです。

また、**自分の苦手なことや弱点を認めることにより、そこから受ける不安やストレスも軽減します**し、「こういう苦手なことがある自分も自分なんだ」「完璧な人などいないし、完璧である必要もない」と、ありのままの自分を受け入れられるようにもなっていきます。

26

忙しい毎日のなかでも「ちょこっと掃除」をする

生活がマンネリ化すると脳の快楽物質の分泌量が減り、気力が低下します。大袈裟なことでなくてもいいので、「自分にちょっとでも刺激を与える」時間を毎日つくりましょう。例えば、1日に5分掃除するだけでも、意外なほど刺激となります。

**変化が脳にとっての刺激となり
快楽物質の働きで気分が高揚する**

刺激不足を防止するために、「5分だけ掃除」を習慣化しよう

マンネリ化や刺激不足を避ける方法のひとつとして、「寄り道」をおすすめしました（54ページ）。でも、落ち込んでいるときに寄り道をするのは、しんどいかもしれませんね。ここでは、室内ですぐできるうえ、自己嫌悪に陥るのを防ぐ役目も持つ、一石二鳥な対策をご紹介します。

それは、「気分転換のためのイベント」として、5分だけでも部屋を掃除することです。**ふだんから部屋をきれいな状態にし続けられれば、自分にとって好ましい環境を保てますし、そんな状況をつくれる自分を好きになれます**。自己肯定感が低下すると掃除が面倒に感じられるものですが、5分だけと思うと、苦に感じにくいはずです。

ポイントは、ベッドの下やテレビの裏などではなく、**デスクまわりや玄関、シンク、浴室、洗面台、リビングなど、よく見えるところを掃除する**こと。それらは目につきやすい場所であるだけに、「綺麗になった！」という変化を感じられ、達成感を味わいやすく、自信につながりやすいのです。

「脳の快楽物質」と呼ばれるドーパミン（神経伝達物質）は、日々の刺激や新しい経験に反応して分泌されます。ドーパミンの分泌が減ると、モチベーションの低下や認知機能の低下、さらにはうつ症状のリスク上昇といった数多くの悪影響が表れてしまいます。うつ症状のリスクが高まれば、自己肯定感が下がる可能性も高まります。

自ら**意図的に動かないことには、マンネリ化を避けることはできません**。1日に1カ所だけでも、今日はデスクまわり、明日は玄関というように、5分でできそうな場所を掃除しましょう。

忙しい人なら、週末に5分掃除するだけでも構いません。気分がすっきりと晴れ、マンネリ化を回避することができます。また、掃除のほか、玄関マットやランチョンマットなどのちょっとした模様替えでも、同様の効果を期待できます。

27

イヤなことがあったときは「こんな日もあるよね！」と思う

どんなに自己肯定感が高い人も、不意のアクシデントにより気持ちが落ち込んでしまうときはあります。そこで、「こんな日もあるよね！」と思って気持ちを切り替えると、不安や心配を緩和する働きを持つ「オキシトシン」が分泌されます。

副交感神経が優位になり、
不安が緩和される

心配は見方を変えることでよりよい未来を生み出す力にもなる

自己肯定感は、環境や出来事によって高くもなり低くもなることをお伝えしましたが、このことは、どんな人であっても変わりません。お気に入りの靴のヒールが折れてしまったり、家族や友人と喧嘩してしまったりすれば、ふだんは自信に満ちあふれている人だって、一時的にせよ気持ちは落ち込み、自己肯定感が低下します。

そのようにイヤなことが起きたときは、すかさず「こんな日もあるよね！」と思って気持ちを切り替えるように心掛けましょう。

ネガティブ思考もよくないことばかりではありません。扱い方によっては、心配をよりよい未来につなげていくこともできるのです。ものごとが思った通りに進まないと、落ち込むだけでなく、「また同じようなことが起きるかも」と心配になることもあるでしょう。そこで「こんな日もあるよね！」と思って気持ちを切り替えられると、見方が変わります。「**心配だから、同じことが起きたときのための対処法を事前に考えよう**」と思えるようになるものです。

また、**「こんな日もあるよね！」とポジティブ思考に切り替えることは、不安や心配などを緩和させてくれる働きを持つ「オキシトシン」という神経伝達物質の分泌を促進します。**オキシトシンが分泌されると、自律神経の副交感神経が優位に働くようになり、心身ともにリラックスできるのです。

オキシトシンの分泌を増やす方法には、ほかにもいろいろとあります。例えば、誰かとハグをしたり手をつないだりする身体的接触、犬や猫などのペットとの触れ合い、他人に親切な行為をする、自分にとって心地いい音楽を聴く、グループで行うスポーツやヨガなど様々です。「こんな日もあるよね！」と思う以外にも、自分に合った方法を見つけておくことをおすすめします。

28

ストレスをすぐに解消できる「コーピング・リスト」をつくる

自己信頼感を揺るがす原因は、主にストレスです。しかし、強いストレスを感じているときは、その解消法を考える心の余裕を失いがちです。事前にストレス解消法をリストアップしておくことで、すぐに実行に移すことができます。

自己信頼感を低下させるストレスにその場で対処できる

紙に書き出すという作業自体がストレス解消法にもなる

自己信頼感が高い人は、自分を信じられるために行動の幅が広がり、より充実した人生を歩むことができます。しかし、ふだんは自分を信頼できている人でも、誰かに否定されたり、大きなミスをしたりしてストレスを感じれば、自分を信頼する心が揺らいでしまうものです。

なかには、自分なりの立ち直りメソッドを持っている人もいるかもしれませんが、あまりにストレスが強いときには実行しづらいものだったり、やる気が起きなかったりするかもしれません。

そこで、事前に**あなたオリジナルの〝自分お助けリスト〟をつくって、ストレス解消法をたくさん書き出しておきましょう。**

このようなリストを、心理学では「コーピング・リスト」と呼びます。

やり方は簡単。「背伸びをする」「散歩する」

「料理のレシピを考える」など、すぐにできることを、リストアップしておくだけです。

他にも、「お気に入りの映画を観る」「コーヒーを飲む」「パートナーとゆっくり話す」「歌を歌う」「マッサージに行く」「髪を切りに行く」「じっくりとスキンケアをする」「花を眺める」など、何でも構いません。

ただし、条件がひとつあります。**「海外旅行に出かける」のような、準備が必要なことや、実行に時間がかかるようなことは避けてください**。ストレスを感じたときにすぐに実行できなければ意味がありません。身近で実行しやすいことを、たくさん挙げておきましょう。

そうして**紙に書き出す作業そのものも、脳の認知機能を司る前頭葉を活性化させ、不安やストレスの発生と密接にかかわる扁桃体の活動を抑える効果があります**。

つまり、コーピング・リストをつくるだけでもストレスを解消できるのです。

コーピング・リスト

すぐに実行できるストレス解消法をたくさん紙に書き出しておきましょう。

①

②

③

④

⑤

⑥

⑦

⑧

⑨

⑩

29

くよくよと
思い悩んでしまうときは
「もう、や～めた！」といってみる

もう終わったことについて後悔しても、結果は変わりません。そんなときは、「もう、や～めた！」と口に出していってみましょう。「思い悩むことをやめた」と自分にいい聞かせることで、ネガティブな感情を自分から遠ざけることができます。

「脱フュージョン」で
ネガティブ沼にはまるのを防ぐ

心理療法の現場で使われるテクニックを活用しよう

すでに終わったことについて、「どうしてあんなことをしちゃったんだろう」「こうすればよかった」などと、くよくよ考えてしまうことは誰しもあるでしょう。でも、それはもう終わったことですから、いくら考えても結果は変わりません。

そんなときにおすすめなのが、心理療法の現場で使われている「**脱フュージョン**」というメソッドです。「融合」「混ざり合う」という意をもつフュージョンに〝脱〟がついて、「混ざり合った感情からネガティブな感情を切り離す」手法を意味します。手法といっても、ただ「もう、や〜めた！」と声に出していうだけです。80ページで紹介したように、**ネガティブな感情を紙に書いて切り離すのもいいですが、「思い悩むことをもうやめたんだ」と自分に言い聞かせることでも、怒り、不安、イライラ、悲しみなどのマイナス感情を自分から遠ざけることができます**。

さらに、この手法には「**歌唱法**」と呼ばれる応用編もあります。文字通り、歌ってみるだけです。ミュージカルの役者にでもなったつもりで、オリジナルのメロディーをつけて「もう、や〜めた！」と歌ってみましょう。「バカバカしいな」と思えたら大成功。ネガティブな感情を遠ざけるだけでなく、「どうしてこんなことで悩んでいたんだろう」と、気持ちが明るくなっていくでしょう。

脱フュージョンには、ほかのやり方もあります。例えば、**「自分は駄目だ」という思いがずっと続いているときは、まず「自分は駄目だ」と小さな声でいいます。続いて、「自分は駄目だ」と頭のなかでいい、すぐに「……と思った」と頭のなかでつけ加えます。最後に、「自分は駄目だ」と小さな声で口に出し、すぐに「……と思ったことに気づいている」と口に出していう**のです。こうすることで「自分は駄目だ」という思いから心理的距離を取り、心を落ち着かせることができます。

30

休日の過ごし方を
自分で決めて
実行できたら自分を褒める

休日の過ごし方は、幸福度と自己肯定感に大きくかかわります。友人に誘われた予定ばかりという人は要注意。「1日中、ダラダラする！」など、どのような過ごし方でもいいので、自分で決めたプランで休日を過ごしましょう。

「ボーッと過ごす」でもOK！
自分でプランを立てるのがカギ

幸福度、自己決定感、自己効力感が一気に高まっていく

あなたは、休日にどのように過ごすことが多いですか？　ショッピングでも映画鑑賞でも、友人から誘われてばかりという人もいるでしょう。

それは「人づきあいがいい」ともいえますが、そういった過ごし方ばかりをしていては、「自分で決められる」という自己決定感が満たされません。逆にいうと、休日の過ごし方を自分の意思で決めるだけで、自己肯定感は高まるのです。

「え？　それだけで？」と思われるかもしれませんが、このことは、2016年にアメリカのアイダホ大学が行った研究で実証されています。800人にリサーチした結果、**「自分で休日の予定をコントロールできている」と思う人ほど幸福度が高く、休日であってもなんのプランも立てていない人ほど幸福度が低い**ことがわかりました。

日帰り旅行、スポーツ、散歩、料理、ゲームなど、内容は問いません。極論すると、「家にこもってボーッと過ごす」だっていいのです。「プランを立てずに過ごすと幸福度が下がる」のであって、**「1日中、ボーッと過ごすぞ！」と能動的に決めたのなら、それはもう、自ら決断した立派なプラン**です。

気分が上がらないときに出かけるのは乗り気になれませんが、家でのんびり過ごすことなら難しくないですよね。それをなんとなく行うのではなく、自分で選んだと意識すればいいのです。

ただ、**できれば、初めての体験をするようなプランを立てる**ことをおすすめします。先のアイダホ大学の研究では、休日に新しいことにチャレンジしている人ほど、幸福度がより高いこともわかっているからです。

そして、プラン通りに過ごすことができたら、「よくできた！」と自分を褒めてあげましょう。自己決定感に加えて、「自分にはできる」と思える自己効力感も高まっていきます。

心を育てる健康豆知識
COLUMN 3

「腸」からはじまるポジティブライフ

「腸は第二の脳」といわれるように、腸内環境が乱れると体調不良だけでなく、気分の落ち込みやストレスの増加を招くことがわかっています。逆にいえば、腸の働きが整うことで体が元気になり、心のバランスも保たれるのです。ぜひ腸活を始めましょう。

まず取り入れたいのが、**発酵食品**です。**納豆、ヨーグルト、チーズ、味噌、キムチ**などの発酵食品は、腸内の善玉菌を増やして腸内フローラのバランスを整える効果があります。また、**食物繊維**を意識的にとることも重要です。**野菜や果物、全粒穀物、豆類**は食物繊維が豊富で、腸内を綺麗に保つサポートをしてくれます。

さらに、腸を元気にするためには、**適度な運動**も有効です。幅広い年代の女性に人気の**ヨガやウォーキング**は、腸の働きを活性化するだけでなく、心のリフレッシュにもつながります。他には**ストレッチや腹筋運動**も、日常生活に取り入れやすく、腸活につながる運動です。

これは運動をするときに限りませんが、腸の蠕動《ぜんどう》運動を助けるために**十分な水分**を摂取することも忘れないでください。**1日1.5〜2ℓ**を目安に、こまめに水分を補給することで腸内環境が整いやすくなります。

腸活を継続するポイントは、日々の生活に少しずつ取り入れることです。例えば、**外食時には野菜のメニューを中心**に選んだり、**間食にフルーツやナッツ**を選んだりするだけでも効果があります。腸を整えることは、心を前向きに変える土台づくりですから、無理をせずじっくりと取り組んでください。

Part 4

ワクワクした気分になれる「魔法スイッチ」

31

「ピグマリオン効果」を活用した“小さな冒険”ノートをつくる

日常生活のなかに、「ふだんならやらない」ような「小さな冒険」を組み込みましょう。そこで好結果が生まれると、「わたしは、わたしに期待するといいことがある!」と思え、さらにノートに記録すると、面白いことを探す目がはぐくまれていきます。

自分自身に期待できるようになり
自己決定感と自己有用感が高まる

ちょっとしたチャレンジから予想外の成果につながることも

「ピグマリオン効果」というものをご存じでしょうか？　アメリカの教育心理学者であるロバート・ローゼンタールによって提唱された、「**人は、他者から期待されると、期待に沿った成果を出す傾向にある**」という心理的行動のことです。

「どうせあなたにはできない」といわれるとやる気を失ってしまいますが、「きっとあなたにはできる！」「期待してるよ！」といわれると、「なんとか期待に応えたい」と思えますよね。そうして、本来の力以上の成果を挙げられることも珍しくありません。

ピグマリオン効果が興味深いのは、**自分で自分に期待する**ことでも表れるところです。自分で自分に期待し、それに応じた成果が表れたら達成感が得られ、自信を持てるようになります。

ぜひ、自分自身に期待しながら、日常生活のなかに「小さな冒険」を組み込んでみましょう。例えば、ランチのお店を変えるなど、ちょっとしたことで構いません。いくつかの店をローテーションするくらいで、それぞれの店で決まったメニューを頼むという人も多いでしょう。そうではなく、いつも素通りしていた店に行ってみる、知っている店でも頼んだことがなかったメニューをチョイスするといった、小さな冒険をするのです。

ほかにも、新たな趣味や習い事をはじめてみたり、いつもと違うメイクやヘアスタイルを試してみたりするのも、小さな冒険になります。

もちろん冒険して失敗することだってありますが、思いがけずいい結果につながるということもあるでしょう。**好結果が出たときは、「冒険ノート」に「なぜかいままで敬遠していたお店のランチが大あたりだった」というように書きとめてください**。そうした成功事例が積み重なると、「わたしの冒険は成功する！」と、自己決定感や自己有用感がぐんぐん高まっていきます。

32

「ライフ・チャート」でいまの自分の状態を評価してみる

自分では意外と把握しづらいのが、人生の満足度。いくつかのテーマに分けて採点してみましょう。「仕事が充実していない」「健康に不安がある」など、改善点をはっきりと認識でき、人生全体の満足度を上げるプランを考えられます。

人生の満足度を可視化でき改善につなげられる

人生を細分化して採点することで改善すべきことが明確になる

自己肯定感向上のポイントのひとつに、いまの自分の生活の状態を知ることがあります。「いい人生を歩めている」と感じている人の自己肯定感が高いことは、容易に想像できるでしょう。しかし、「わたしは人生に満足しているかな?」とぼんやりと考えてみても、テーマが大きすぎるため、明確な答えを出すのは簡単ではありません。

そこでぜひ試してほしいのが、「ライフ・チャート」というメソッド。自分の人生における重要なテーマをいくつかピックアップし、満足度をそれぞれ数値化して、目に見えるかたちにする手法です。**漠然とした〝人生〟というものについて、テーマに分けて見ていくことで、人生全体の満足度を考えやすくなる**というわけです。

テーマは人それぞれですが、例えば「お金」「仕事」「健康」「大事な人（パートナーなど）」「趣味」「学び」「人間関係」などが多くの人にあてはまるものでしょうか。それぞれについて10点満点で採点してみてください。

注目したいのは、最低点になったテーマです。そこが改善されれば人生全体の満足度が上がっていくため、そのテーマの点数を上げていくプランを考えましょう。例えば「お金」の満足度が低ければ、「副業について調べてみる」「投資を学ぶ」といった具合です。

ただ、一気に5点6点と上げようとしたり、複数のプランを同時並行的に実行するのはNG。ポジティブな目的ではなく負担となって、他のテーマの満足度が下がってしまう可能性があります。**ひとつのテーマ、ひとつのプランに絞って1点ずつコツコツと改善する**ことを意識し、人生全体の満足度を少しずつ上げていきましょう。

また、このライフ・チャートは、次項の「自分がやりたいこと」を見つけるためのワークとしても役立ちます。

ライフ・チャート

あなたの人生にとって重要なテーマを8つ挙げて、それぞれのいまの満足度を10点満点で採点しチャート図をつくってみましょう。

［例］

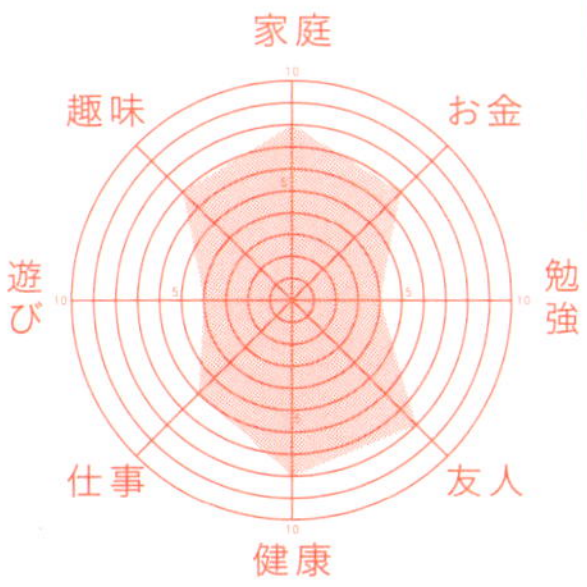

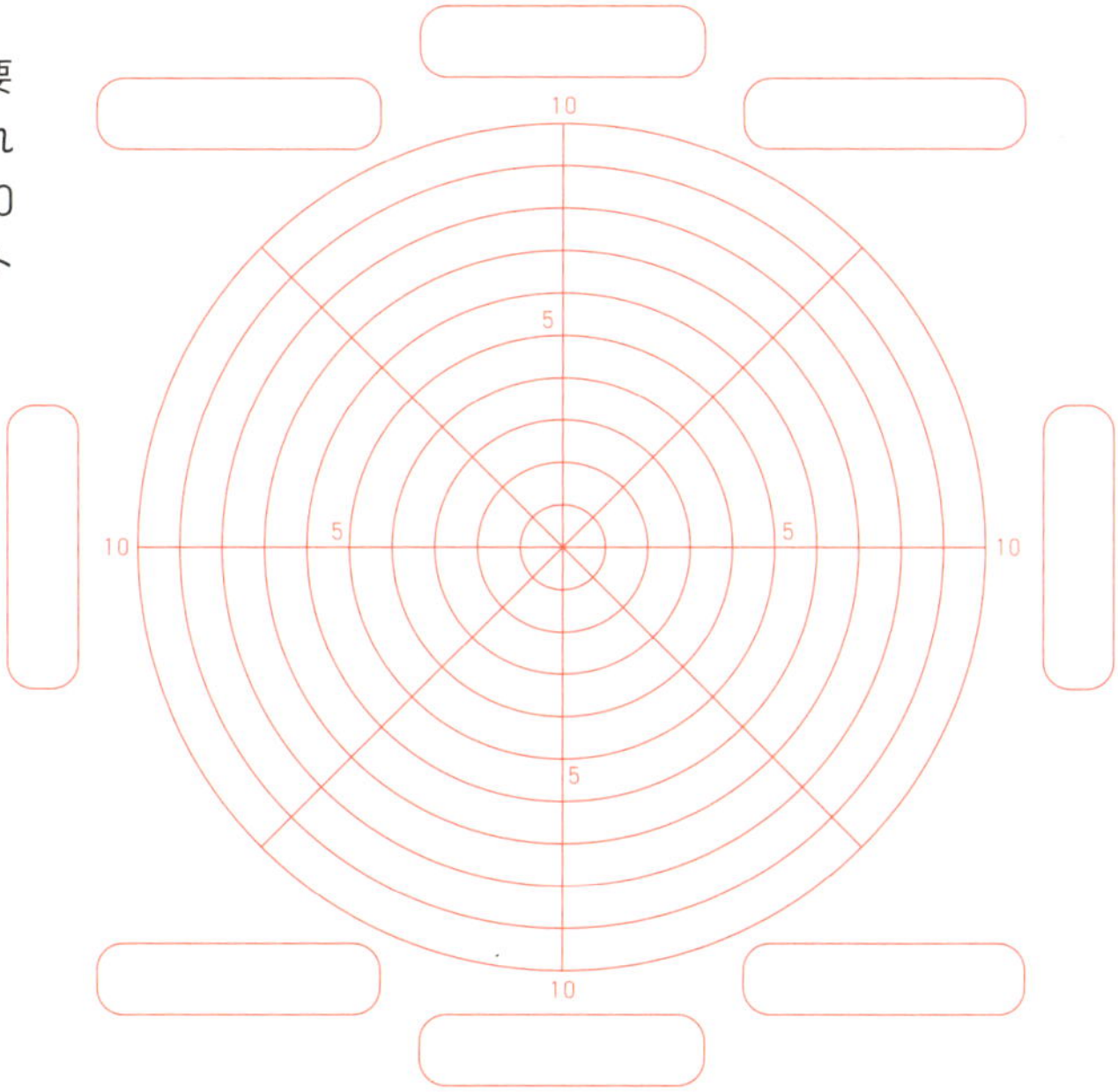

33

“最近、楽しくない……”と感じたら「好きなことだけをする時間」をつくる

「毎日同じことの繰り返しでつまらない」と感じたら、具体的なプランを考えて、「自分が好きなことだけをする時間」をつくりましょう。やるべきことにも意欲的に取り組めるようになり、人生好転のスイッチがオンになります。

日々のモチベーションが高まり
本当にやりたいことに取り組めるようになる

ただ好きなことをするだけでなくなるべく具体的な目標を設定する

「やるべきことをこなすだけで毎日が終わってしまう」「なんだか最近、楽しくないなあ」――。そんなふうに思ったら、「自分が本当にやりたいこと」を確認してみましょう。生活を営むうえでは、仕事や家事など「やらなくてはならないこと」をこなすのももちろん大事なことです。しかし、そこに楽しみややりがいを見出せなくなると、最終的には「なんのために生きているのだろう」と人生を悲観してしまいかねません。

そこでおすすめなのが、「やらなくてはならないこと」ではなく「やりたいこと」に目を向けること。**意識的に「好きなことだけをする時間」をつくると、とたんに毎日が輝き出します。**

そのとき、ただなんとなく好きなことをするのではなく、**「これをしよう！」という具体的な目標を設定してみましょう。**アメリカの心理学者エドウィン・ロックは、自身が構築した「**目標設定理論**」で、「**目標を設定することが、個人のパフォーマンスや達成感、モチベーションを向上させる**」と提唱しています。

例えば、ゴルフが好きなら「休憩時間にレッスン動画を観よう」、アクセサリーづくりが趣味なら「今度の休みには、新しいアクセサリーのデザインを考えよう」など、自分が好きなことに関する具体的な目標を立てるのです。そうするだけで休憩時間や休日が楽しみになり、「つまらない」気分はどこかへ消え去っていきます。

また、**ふだんよりちょっと努力が必要な、チャレンジングな目標を設定すると、副次的な効果も得られます**。よりモチベーションが高まり、嬉しいことに、そうして湧いてきたモチベーションは、好きなこと以外にも向かっていきます。「趣味はもちろん大事だけれど、仕事もきちんとこなそう」というふうに、様々なことに対して意欲的に取り組めるようになるのです。

34

人間関係に疲れたときは「気の置けない人」と未来について話す

社会生活を送るなかでは、「いい人」を演じることも必要です。しかし、それがストレスになることもあるでしょう。そのようなときは、親しい人と会う時間を増やすことがおすすめ。あらためて、ありのままの自分を受け入れることができます。

ありのままの自分を解放し、「いい人」であるための力をもらう

公的なコミュニティーでは「いい人」であることも求められる

人間が社会生活を営む生き物である以上、職場や地域などのコミュニティーでは、周囲と良好な関係を築くことが求められます。個人によって多少の差こそあれ、無意識のうちにも、いわば「いい人」であろうとするものです。

「自分は誰かの役に立てている」という自己有用感が強い人なら問題ないかもしれません。しかし、**「いい人」であろうとするあまり、それがストレスになってしまう**人もいます。周囲からは、明るく外交的だと見られているような人でも、人知れず苦しんでいることも珍しくありません。

「本当の自分のことなんて誰もわかってない……」といった思いが溜まってきたときは、ありのままの自分で接することができる、本心から信頼できる人と会う時間をできるだけ増やしましょう。

パブリックのコミュニティーのなかでは本当の自分を出すことは難しくても、家族や愛するパートナー、昔からの友人など、気の置けない相手にならそうすることができるはずです。「会社の人間関係が大変でさ」というように、愚痴のひとつもこぼせますよね？　でも、**できるなら、愚痴を聞いてもらうだけではなく、未来に向けたプランを一緒に考える**ことが理想的です。

「今度、○○温泉に行ってみよう」「だったら、わたしがレンタカーを手配するよ」といった、レジャーの話でもいいのです。未来への希望に満ちた会話は、自己有用感のほか、ありのままの自分を受け入れられる自己受容感、自分で決められる感覚である自己決定感など、自己肯定感を総合的に高めることにつながります。

また、親しい人との会話では、「こんなことをいったらまずいかな？」といった余計な迷いを捨てられ、頭のなかに余裕が生まれます。そうして、パブリックのコミュニティーのなかで「いい人」を続けるエネルギーも充填できるのです。

35

人生をより充実させるための「イメトレ文章完成法」

自己肯定感が下がっているときは、元来、持っているはずの強みが見えなくなり、将来に希望を持ちにくくなります。ここで紹介するのは、決まったテンプレートを埋めていくだけで、自信と希望を取り戻すメソッドです。

自分が持っている武器を認識し
将来のビジョンを描けるようになる

将来を悲観しそうになったときにテンプレートを埋めていくだけ

自己肯定感が低下しているときには、本来なら持っているはずの自分の長所や強み、あるいは環境や人脈などが見えなくなってしまいます。そして、将来のビジョンを描くことも難しくなります。

そこで、「イメトレ文章完成法」というメソッドを実践してください。左ページのテンプレートを埋めていくことで、**自分には目標に向けたビジョンがあること、協力してくれる人がいて恵まれた環境があること、そして目標実現のためにやるべきことなどをはっきりと認識できます。**

その後は、毎日内容を確認しましょう。そうすれば「そうだ、わたしはこれを実現するんだ！」と自分にいい聞かせることになり、目標の実現可能性はぐんと高まります。できれば、1日に1回でもいいので内容を声に出して読むと、さらに高い効果を期待できます。

イメトレ文章完成法

目標の設定	わたしが実現したい目標は、 「　　　　　　　　　　」です。
メリット	なぜなら、その目標を達成すると、 「　　　　　　　　　　」だからです。
ブレーキ	しかし、「　　　　　　　　　　」が、 わたしの目標を妨げています。
現状把握	そのため、わたしはいま、 「　　　　　　　　　　」という状況になっています。
新しい方法	わたしは目標に近づくために 「　　　　　　　　　　」 という新しい方法を試みてみるつもりです。
コンピテンス	なぜなら、わたしの強みは 「　　　　　　　　　　」であり、それが、 目標を達成するために役立つと思うからです。
協力者	また、目標に向かうにあたり、 「　　　　　　　　　　」さんが協力してくれます。
環境	目標に向かうにあたり、「　　　　　　　　　　」という 環境が味方してくれると思います。
ノウハウ	わたしは目標を達成するために、 「　　　　　　　　　　」というノウハウを持っています。
やる気	わたしは目標を達成するために、 「　　　　　　　　　　」という方法で やる気を引き出します。
最初の一歩	わたしは目標を達成するために、 まずは「　　　　　　　　　　」からはじめます。

36

習慣化をサポートする「ハビット・トラッカー」

生物学的な見地から考えると、「習慣化」は難しいものですが、三日坊主ばかりでは、自信喪失につながりかねません。習慣化に挫折しがちな人は、モチベーションを高く維持してくれる「ラジオ体操カード」のメソッドを試してみましょう。

「ラジオ体操カード」の要領で続けることが嬉しくなる

よりよい人生を歩んでいくにはいい習慣を身につけることも大切

あなたには夢や目標がありますか？　その実現のために気合いを入れて、「これをやろう」と決めたのに、すぐにやめてしまった……という経験は、ほとんどの人にあるはずです。あるいは逆に、「これをやめよう」と決めたことを、意志が続かずまたやってしまったというケースもあるでしょう。

このようなことが何度も繰り返されると、「自分はなにをしても長続きしない」「気持ちが弱い駄目な人間だ」と自分を責めてしまいます。

でも、そもそも習慣化は難しいのです。人間には、体内のバランスを保って生命を維持するにあたり、体や心理的な状態を一定に保とうとする生物学的なメカニズム（ホメオスタシス）が存在します。つまり、**もともと人間は変化を嫌う生き物で、新たな習慣を身につけたり、ずっと続けてきたことをやめたりするのが苦手**なのです。このことを知るだけでも、「自分だけが習慣化できないわけじゃない」と思え、自信を失わずに済みます。

とはいえ、人生をいい方向に導くには、いい習慣を身につけ、悪い習慣は手放したいですよね。

そこでおすすめなのが、心理学や行動学において「**ハビット・トラッカー**」と呼ばれるメソッドです。

下記のような1カ月のカレンダーに、習慣化したいことや、やめたいことを書き込み、決めた通りにできた日には「○」、できなかった日には「×」を書き込むだけです。

このメソッドの効果は、子どもの頃の「ラジオ体操カード」のようなものというとわかりやすいでしょう。**「○」を書き込むたび、「今日もできた！」という実感が視覚化され、得られる達成感もより大きなものになります**。

そして、**達成感を得ると、脳の「報酬系」と呼ばれる働きによってわたしたちはまた達成感を得たくなります**。そのため、モチベーションを高く維持でき、習慣化に成功しやすくなるのです。

ハビット・トラッカー

習慣化したいことややめたいことなど、決めたことをできた日には「○」、できなかった日には「×」を書き込みましょう。

[習慣化したいこと　　　　　　　　　　　　　　　　]

1	2	3	4	5	6	7	8	9	10	11	12	13	14	15	16
17	18	19	20	21	22	23	24	25	26	27	28	29	30	31	

[やめたいこと　　　　　　　　　　　　　　　　　　]

1	2	3	4	5	6	7	8	9	10	11	12	13	14	15	16
17	18	19	20	21	22	23	24	25	26	27	28	29	30	31	

37

具体的な行動目標を紙に書き出す「リマインダー・テクニック」

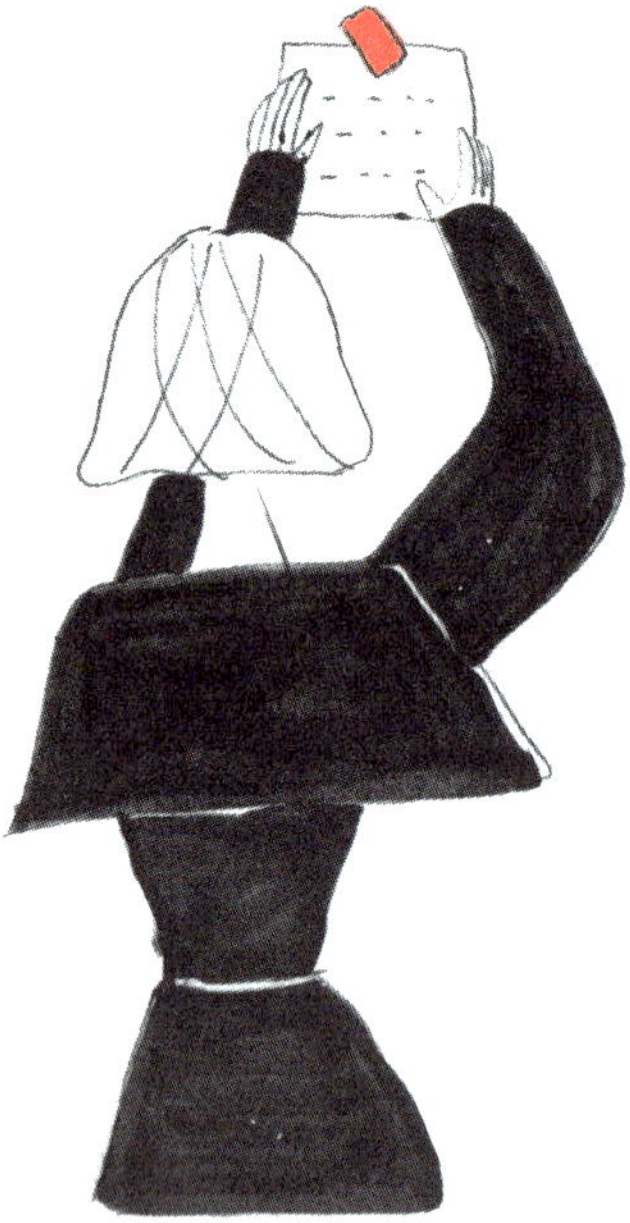

成功体験は、自己肯定感の向上に大切な要素です。できるだけ具体的に行動目標を紙に書き出して、ふだんからよく目につくところに貼っておきましょう。目標を忘れることがなくなり、成功にぐっと近づくことができます。

つねに目標が意識に刷り込まれ成功の可能性が高まる

成功できるかできないかは目標が具体的か抽象的かで決まる

「キャリアアップして年収を1000万円の大台に乗せる」「趣味のアートで個展を開く」など、なにをもって成功というかは人それぞれですが、成功から得られる「やればできるんだ!」という気持ちは、自分に対する強い自信を生んでくれます。

では、どうしたら成功体験を増やせるのでしょうか。その答えは案外シンプルで、成功の可否は多くの場合、「行動目標を具体的に設定しているかどうか」にかかっています。**最終的な目標を具体的な行動に落とし込めていると、やるべきことが明確で、それを習慣として継続しやすい**からです。

ダイエットを例に挙げると、「痩せたい」といった抽象的な目標を掲げる人は成功しにくく、「今日から夕食の炭水化物を抜く」など具体的な行動目標を掲げられる人が成功しやすいといえます。

もうひとつ、前項で触れた「視覚化」もポイントです。テレビドラマや漫画などでは、受験生という設定の登場人物が「絶対合格」といった目標を書いた紙を貼り出している演出がよく見られます。これは、脳科学の研究からも正しいことといえます。ドミニカン大学カリフォルニア校の心理学者であるゲイル・マシューが行った研究では、**単に目標設定をしただけの人と、目標を紙に書き出した人では、後者のほうが目標達成の確率が42%も高い**と結論づけているほどです。

何か大きな目標がある方は、毎週末に翌週の行動目標を視覚化してみましょう。翌週にやってみたいことや得たい成果を、できるだけ具体的に紙に書き出します。そして、自室のドアや玄関など、いつも目につくところに貼っておきましょう。

すると、忙しい毎日のなかでつい忘れてしまいそうな目標も、「そうそう、今週はこれをやるんだった」「頑張ろう!」とつねに意識に刷り込まれ、目標達成の可能性が高まります。これは、「リマインダー・テクニック」というメソッドです。

38

休日こそ早起きして
脳のゴールデンタイムを活用

起床から2〜3時間ほどの時間帯は、1日のうちで脳がいちばん元気になっています。休日に寝溜めしたい気持ちを我慢して、その時間をワクワクすることに使いましょう。快楽をもたらす神経伝達物質を脳が分泌し、自分に対する評価が高まっていきます。

「ワクワク」により快楽物質が分泌され
自己評価がぐんと高まる!

出勤日にはできないことも休日なら思う存分できる

休日の朝、あなたはどのように過ごしていますか？　せっかくの休みだからといつもより2時間も3時間も遅くまで寝ていないでしょうか。

そうしたい気持ちも理解できますが、自己肯定感向上のためには、「休日こそ早起きする」ことを心掛けてほしいと思います。なぜなら、脳科学的に見た場合、睡眠によってリセットされた**脳が最も活発に働き、集中力や記憶力、意志決定力など様々な能力が高まっているのが、起床から2〜3時間**ほどの時間帯だからです。この時間は、いわば脳のゴールデンタイムといえるでしょう。

しかし、仕事がある日は、せっかくのゴールデンタイムを十分に活用することは難しいですよね。慌ただしく身支度をして、出勤しなければならない人がほとんどではないでしょうか。でも、休日なら自分の好きなことに思う存分、使うことができます。あえて早起きをして、出勤日にはできないことを精力的にこなしましょう。

わたしのクライアントには、休日に早起きし、明るい光を浴びて爽快な気分で旅行やレジャーの計画を立てるといった人がいました。他にも、買っただけで読めていなかった本をじっくり読む、興味のあるジャンルについて勉強をする、今後の人生プランを考える——。どうですか？　まだ実行していなくとも、「わたしだったら、ゴールデンタイムをこんなふうに使ってみたい！」と想像しただけでもワクワクしてきませんか？

もちろん、実際に行動に移せば、「ゴールデンタイムをきちんと活用できた」という思いも相まって、もっとワクワクすることができます。この**「ワクワク」こそがポイント**なのです。**ワクワクすると、わたしたちの脳は、「ドーパミン」など快楽をもたらす神経伝達物質を分泌**します。それにより、ポジティブな感情が増加して自分に自信を持てるようになるのです。

39

寝る前の静かな時間に
自分自身と対話する

親しい人たちとつながっているのは楽しく、大切な時間ですが、人生を充実させるためには、ひとりきりで自分と対話する時間も欠かせません。意図的にひとりになる時間をつくり、「本当にやりたいことってなに？」と自問自答してみましょう。

人生を充実させるための目標が見つかり
「やってみよう！」という強い気持ちが芽生える

ひとりでいることが難しい時代に意図的に静かな時間をつくる

現代は「個の時代」といわれ、個人の価値観や自立性が尊重される傾向が強まっています。

それでいて、完全にひとりでいることが難しい時代でもあります。たとえひとり暮らしであっても、遠く旅に出かけようとも、スマホを通じていつでもどこでも誰とでも、簡単につながることができてしまいますよね。なかには、お風呂にまでスマホを持ち込む人もいると聞きます。

そんな時代だからこそ、意図的にひとりでいる時間をつくってみませんか。いわゆる「デジタルデトックス」をするのです。**ひとり静かに自分自身と向き合い、自己と対話することで、日ごろは気づかないような深い想いや、人生を充実させられる目標が見えやすくなります**。

寝る前のベッドに潜り込む時間やバスタイムに、スマホの電源を落としたり、通知を切ったりして、静けさのなかで自分の内面に意識を向けてみましょう。そして、**自分の心に向かって、「本当にやりたいことはなに?」「これからどんなふうに生きていきたい?」などと問いかけてみてください。そこで目標が見つかれば、「よし、やってみよう!」という気持ちが芽生えてくるでしょう**。

たくさんの人に囲まれて過ごすのは幸せなことですし、家族やパートナー、親しい友人とのコミュニケーションも、精神的な安定をもたらしてくれる大切な時間でしょう。

また、社会生活を営むわたしたち人間は、ひとりでは生きていけないのも事実です。自給自足のような生活をしている人でも、その生活を支える道具や知識は、自分ひとりでゼロから生み出したものではありません。

誰かとつながっている日常からしばし離れ、ひとりの時間を深めることで、より日々の生活や周囲を大切に思えるようになり、幸福感や感謝の気持ちが湧いてくるかもしれません。

40

死ぬまでにやりたいことを紙に書き出す「バケット・リスト」

忙しさに流されがちな毎日のなか、やりたいことが見つかるだけでも気持ちはポジティブになります。「経済的に厳しい」「人の目が気になる」など現実的な問題は無視して、「死ぬまでに絶対にやっておきたいこと」をリストアップしましょう。

子どもの頃の純真さと強い自己肯定感を取り戻す

「やらないと絶対後悔する」という本当にやりたいことを厳選

『最高の人生の見つけ方』という映画をご存じですか？　余命6カ月を宣告されたふたりの男が、死ぬ前にやり残したことを実現するために一緒に旅に出る姿を描いた作品です。やり残したことをリストアップしたふたりは、プライベート・ジェットに乗り、スカイダイビング、カーレース、音信不通になっていた娘との再会など、リストの内容を次々に実現していきます。

この映画の原題は、『The Bucket List（バケット・リスト）』。これは、「生きているうちに絶対にやっておきたいこと」のリストのことで、「死ぬ」という意味のスラング「kick the bucket」が、その名の由来です。

映画のふたりのように、あなたも「死ぬまでにこれだけはしておきたい」と思うことをリストアップしてみてください。**まずは、やってみたい**

ことを思いつくままにどんどん紙に書き出してみましょう。その際のポイントは、あれこれと考えないこと。「お金が足りない」「知人の目が気になる」など現実的な視点から考えると、本当にやりたいことが見えなくなってしまうからです。

そして、「もう思いつかない」というところまできたら、今度は紙に書き出したもののなかから5つだけを選び、**「これをしなければ絶対に後悔する」と思う順にランキング**します。それこそが、あなたが本当にやっておきたいことです。

それらが見つかるだけでもポジティブな気持ちになるはずです。逆説的ですが、**死が目前だと思えば、他人の目など気にならなくなります。**

なかには、子どもの頃に「やってみたい」と憧れていたのに、すっかり忘れてしまっていたことが含まれていることもあるでしょう。失敗や挫折を大人ほど経験していない子どもは、まさに自己肯定感の塊です。夢や希望にあふれていた子ども時代を思い出すと、ワクワクした気持ちが蘇ります。

バケット・リスト

もし、あなたが5年後に死んでしまうとしたら、
「これだけはしておきたい！」と思うことはなんですか？
思いつくままに紙に書き出してみましょう。

紙に書き出したなかから5つだけ選び、
「これをしなければ絶対に後悔する」と思う順にランキングしましょう。

内容	その理由
1位	：
2位	：
3位	：
4位	：
5位	：

41

気分が落ち込んでいるときこそ「スキップ」してみる

子どもの頃、スキップしていたらなぜか楽しい気分になった、という経験はありませんか。実際、脳科学の分野で、「飛び跳ねるような動作をすると、感情がハッピーになる」という報告があります。早朝の散歩中などにこっそりとやってみましょう！

脳が「自信満々だ!」と勘違いし
簡単に幸福度が高まる

感情は体の動きの影響を受ける。スキップするだけでハッピーに！

子どもの頃ならまだしも、大人になってから頻繁に「スキップ」をしているという人はおそらくほとんどいないでしょう。気恥ずかしさも影響しているかもしれません。

でも、スキップをするだけで、自然と気持ちが明るくなる効果があると聞いたら、ちょっとやってみようと思うのではないでしょうか。この効果は実証されており、アメリカのミシガン州立大学アナーバー校の研究によると「**感情は、体の動きによってコントロールできる**」のだそうです。

例えば、肩を落としてうなだれるといった、一見して悲しさを表しているような動作をしたときには、被験者たちは実際に悲しい感情を持つことが明らかになりました。一方、飛び跳ねるような動作をしているときには、感情がハッピーになるとわかったのです。

スキップは、まぎれもなく「飛び跳ねるような動作」ですよね。気持ちが塞ぎがちなときこそ、あえてスキップをしてみましょう。

しかも、スキップには、自己肯定感向上に関してさらなるメリットもあります。スキップをしているとき、あなたの視線はどこを向いているでしょうか？　その場でただ飛び跳ねるだけならどこを向いていてもできますが、速いスピードで前進するスキップの場合、視線は自然と上がり、真っすぐ前を向いているはずです。

先の研究内容にも通じるところですが、幸福学の研究においては、「**たとえ本当は自信がなくとも、ただ胸を張って視線を上げるだけで、『いま、わたしは自信満々だ！』と脳が勘違いし、幸福を感じる**」といわれています。

運動が嫌いな人でも、スキップなら苦にならないでしょう。数十秒でも構いません。周囲の視線が気になる方は、人目につかない時間や場所での散歩時などに、ぜひトライしてみてください。

42

自分への「ごほうびリスト」を前もって用意しておく

「やらなければならないこと」に取り組む際、内発的動機づけが理想ですが、外発的動機づけである「ごほうび」も有効です。事前にごほうびを設定することでモチベーションが高まり、達成感を得るとともに自己評価も向上します。

モチベーションを高く維持でき「自分にはできる!」という気持ちになれる

「やらなければならないこと」には「外発的動機づけ」も十分に有効

心の底から「やろう!」「やりたい!」とは思えなくとも、「やらなくてはいけないこと」もあるのが人生です。プライベートのことならともかく、仕事にかかわることならなおさらでしょう。

そのような、気は乗らないけれどやらなければならないことに臨むとき、**「外発的動機づけ」であるごほうびは、強いモチベーションを生む手助けになります。**

特に、ややハードルの高い仕事や勉強に臨む際には、自分へのごほうびを用意しているという人も多いでしょう。それをなんとなく行うのではなく、事前に自分への「ごほうびリスト」をつくって実行しよう、というのがここでの提案です。

例えば、「今回のプロジェクトが成功したら、有給を取って温泉旅行に行こう!」「この問題集をやり終えたら、買っておいたプリンを食べよう！」など。**前もってごほうびを認識し、リスト化しておくことで目的意識が高まり、「やらなければならないこと」に対しても高いモチベーションを維持しやすくなります。**

そうしてやるべきことをこなしてごほうびを得ると、達成感や解放感が高まり、「自分は目標を達成できる人間だ！」というポジティブな自己評価が生じるのです。

本来は、報酬などなくとも自らの内面から生まれる「やろう！」という気持ち、つまり「内発的動機づけ」こそが理想。それが最も強力なモチベーションを生むとされますが、どうにもやる気が出なかったり、途中でテンションが落ちたりするのが現実です。そんなとき、ごほうびのような外発的動機づけが力を発揮します。

また、「マッサージサロンに行く」「ヘッドスパを受ける」など、リラクゼーションにかかわるものも、ごほうびとして効果的です。ストレスが軽減されて、心の健康が保たれやすくなります。

自分への「ごほうびリスト」

実現することが楽しみになるごほうびを、たくさん紙に書き出しておきましょう。

①
②
③
④
⑤
⑥
⑦
⑧
⑨
⑩

43

なにかをやり遂げたら
自分に「グッジョブ！」という

仕事や勉強などで成果を出したとき、まわりから褒められることを重視している人が少なくありません。でも、「グッジョブ！」と声に出して自分で自分を褒めることで、成功体験を強く記憶したり、「わたしは成長できる！」と信じやすくなったりします。

自分をポジティブに評価する癖をつけて
「成長マインドセット」を育もう

心のなかで褒めるのではなく声に出して自分を褒める

仕事や勉強に一生懸命に打ち込み、「こうしたい！」「こうなりたい！」と思っていたような最高の結果が生まれると、会社の同僚や家族など周囲の人たちから褒めてもらえることがあります。もちろん、それはそれで嬉しいことですよね。

でも、そんなときに、あなたはあなた自身を褒めていますか？　特に日本では謙虚さが美徳とされるため、「いやいや、全然大したことはしていないですよ」と謙遜してしまいがちです。

そんな人でも、心のなかでは自分のことを褒めているかもしれません。ただ、できれば、「グッジョブ！」と声に出して自分を褒めてあげてほしいのです（もちろん、人前でなくてOK）。というのも、そうすることが「アファメーション」になるからです。先述したように（36ページ）、アファメーションとは、「自分自身に対して肯定的な宣言を行う」ことで、自己肯定感を高めるためにとても有効なのです。

資格試験に合格した、ダイエットに成功したなど、仕事のことでもプライベートのことでも、**なにかをやり遂げるたびに「グッジョブ！」と自分にいうことで、それまでに積み上げてきた自分の努力や成果を評価する習慣が身につきます**。それにより、自分に対する認識がポジティブなかたちで強化されますし、成功体験が記憶に残りやすくなって自信が増していくのです。

また、はっきりと**声に出して自分を褒めると、自分の成長を認識するとともに、「今度は、もっと困難な仕事をやってみよう！」などと、新たな挑戦に対する意欲が湧いていきます**。つまり、「わたしの能力は、学習や経験によって伸ばすことができるもの」と信じる、「**成長マインドセット**」を持つことにもつながるのです。「わたしは成長できる！」と信じている人の自信がとても強いものであることは、いうまでもありません。

「女性がのこした名言集」

夢を追って、失敗してもいいじゃない
それでもなんとかなるものよ
——マヤ・アンジェロウ（詩人）

涙で目が洗えるほど
たくさん泣いた女は
視野が広くなるの
—— ドロシー・ディックス（ジャーナリスト）

道に迷ったら
心のなかでささやく
声に耳を傾けて
あとは突き進むだけよ
—— ゾラ・ニール・ハーストン（作家）

たたかれたからといって
へこんでしまうことはないわ
あれだけたたいて卵を泡立てても
ケーキは膨らむもの
—— メアリ・ジョンストン（作家）

ありのままの
自分を取り戻したい
ただそれだけ
——ドリス・レッシング（作家）

みんな、
わたしの着ているものを見て笑ったわ
でもそれがわたしの成功の鍵
みんなと同じ格好をしなかったからよ
—— ココ・シャネル（ファッションデザイナー）

かわいげのない女と叫ばれても
気にすることはありません
強くなって明確な理想と意見を
持ちましょう
—— ロザリン・カーター（米国ファーストレディ）

行動する前から
たたかれてしまう
こともある
それでも行動するのが
本当の勇気です
—— ハーパー・リー（小説家）

ひとりに
なれたとき
自分を
取り戻せるのです
——マリリン・モンロー（女優）

勝つためには、一度ならず
戦わなければならないこともある
—— マーガレット・サッチャー（第71代英国首相）

心に愛がある女性はつねに成功する
—— ヴィッキイ・バウム（作家）

読むだけで勇気が湧いてくる

自分は美しいと信じること
それがなによりも
女を美しくさせる
——ソフィア・ローレン（女優）

目標を達成するためには
思い切っていまの自分から脱却しなきゃ
—— バーバラ・ブラハム（ビジネスコンサルタント）

失敗してもいい
ただそこから
学びなさい
—— 穂積歌子（歌人／渋沢栄一の娘）

わたしたちには
生まれたときから
愛する力が備わっている
それでも筋肉と同じで
その力は鍛えなければ衰えていく
—— オードリー・ヘプバーン（女優）

大切なのは自分が
望んだように生きること
そして、それを続けること
お金があっても不幸な人生を送るより
ずっと満足できるはず
—— マージョリー・キナン・ローリングス（小説家）

なりたかった
自分になるのに
遅すぎる
ということはない
——ジョージ・エリオット（作家）

自分自身に負けない限り
それは敗北ではないのです
—— エレノア・ルーズベルト（米国ファーストレディ）

自分にはできると思う
あるいは自分にはできないと思う
どちらも正しいの
—— メアリー・ケイ・アッシュ（実業家）

人生はいたって単純
競争なんて本当は存在しないし
勝たなきゃいけないレースもない
—— スザンヌ・サマーズ（女優・作家）

薬を10錠飲むよりも
心から笑ったほうが
ずっと効果があるはず
—— アンネ・フランク（作家）

おわりに

人生の旅は、
自分次第で「楽しい冒険」になる

最後まで読んでいただき、ありがとうございました。

もしかすると、「やっぱり自信を持つのは難しいかも」「自分を肯定するのに抵抗がある」と感じている人がまだいるかもしれません。

しかし、大切なのは、完璧を目指すのではなく、続けることです。無理して頑張ったことで得られた成功体験から自己肯定感を高められることもありますが、自分をいたわることも、揺らがない自信を持つためには欠かせないことです。

最初は「小さな一歩」でも、それが積み重なることで、自己肯定感が高まっていきます。健全な自信を持つためのプロセスは、いわば、長い旅のようなものなのです。

本書で紹介した「セルフ・コンパッション」の考え方と習慣は、そんな旅の道しるべとなってくれるでしょう。他人との比較や失敗への恐れにとらわれるのではなく、「そのままの自分でいい」と思える心を持つこと——。それが、自己肯定感を育むための基本です。

日々、自己肯定感は高まったり低下したりするものだとお伝えしました。また、どんな

に自信を持っている人でも、なんらかの失敗や人間関係のトラブルなどで心が揺らぐこともあるものです。

そんなときは、無理に前向きになろうとするのではなく、「いまは自己肯定感が低下しているだけ」といったん受け止めてみてください。

そして、そのあとにやることをみなさんはもう知っています。本書で紹介したメソッドのなかから、「これをやってみよう」とチョイスしたものを、それまでと変わらず地道に続けることです。そうすれば、一時的に低下してしまった自己肯定感も、必ずまた向上します。

これからもあなたの旅は続きます。この本が、今後の日々を少しでも支える存在となりますように。自分自身をもっと好きになって、人生という旅があなたにとって楽しい冒険となることを心から願っています。

２０２５年２月

中島輝

中島　輝（なかしま　てる）

心理カウンセラー。自己肯定感の第一人者。一般社団法人自己肯定感学会代表理事。自己肯定感アカデミー代表。トリエ代表。

困難な家庭環境で育ち、多くの疾患を抱えたことを機に、各種セラピー、カウンセリング、コーチングを研究。自身を実験台としつつ、心理学や脳科学、NLPなどの手法を用いた独自のメソッドを構築する。1万5000人超のクライアントにカウンセリングを行い、問題解決率95%を達成。「自己肯定感をすべての人に伝え、自立した生き方を推奨する」ために自己肯定感アカデミーを設立し、トレーナーやカウンセラーの育成に注力している。

『何があっても「大丈夫。」と思えるようになる 自己肯定感の教科書』（SBクリエイティブ）、『ホントのあなたは絶対に運がいい!』（扶桑社）、『自分を好きになる7つの言葉』（きずな出版）、『「知らんがな」の心のつくり方 あいまいさを身に付けるレッスン』（KADOKAWA）など著書多数。

ブックデザイン　阿部早紀子
イラストレーション　庄野紘子
編集協力　岩川悟（スリップストリーム）、清家茂樹
編集担当　嶋田安芸子

大人《おとな》の「自信《じしん》スイッチ」
わたしを救《すく》う43の習慣《しゅうかん》

著者　中島 輝
2025年3月7日　第1刷発行

発行人　鈴木 善行
発行所　株式会社オレンジページ
〒108-8357
東京都港区三田1-4-28 三田国際ビル
電話　03-3456-6672（ご意見ダイヤル）
048-812-8755（書店専用ダイヤル）
印刷・製本　中央精版印刷株式会社

Printed in Japan

ISBN 978-4-86593-727-5　C0030